JN045765

常識を覆す
IAメソッド
英語速習法

英語を話す人になる!

川村悦郎
Etsuro
Kawamura

4

即興で話せる、ネイティブの英語

拡大モードで話そう!

ヒカルランド

まえがき

　ちょっと個人的な体験を書いてみます。

　デイドリーム（Daydream）という言葉を、知ってますか？　白日夢など
と訳されます。真昼に、ふとした瞬間に見る夢のことです。すぐに目覚めます。
時間にしたらほんの１、２分、そのくらい。数十秒かもしれません。時間の長
さは関係ありません。一瞬にして異次元の体験をすることになります。

　そのときボクは大学１年生でした。毎日３畳間で、哲学書に没頭していまし
た。たぶん、本を読んでいて頭が疲れたんだと思います。ふと眠ってしまった
のです。その一瞬の夢のなかでの話です。ボクは、外国人数名と１、２名の日
本人が英語で話している輪の中にいました。彼らはペラペラ英語を話していま
す。でも、自分一人が英語を話せません。夢の中で、英語を話せない屈辱と、
自分へのいら立ちを実感（？）していました。夢のなかでボクをバカにする視
線を強く感じ、「クソッ！」という気分をリアルに感じていたんです。自分に
も自尊心があり、それは容認しがたい状況でした。そんな心理状態を 幻 の中
で体験（？）していたんです。

　そして、ふと、夢が醒めました。「あぁ〜、夢でよかった」と思った瞬間、
これは忘れてはいけない夢だと感じました。夢で起こったことが、これからき
っと起こるに違いないと思ったからです。そのありうる将来、「自分は、今見
たあの屈辱に耐えられるのか？」、という自問が湧いたのです。つまり、これ
からの人生で、自分を英語のしゃべれない男として生きていって、おなじ場面
に出あったとき、あの屈辱にもう一度甘んじるのかという自問です。そういう
自問を今度は醒めた頭が問うてきたのです。

　夢だから忘れてしまおう、なんて気持ちにはなれませんでした。「これは必
ず起こる」、だから「そのとき、お前はどうするんだ？」というリアルな自分

への問いでした。英語を話せない自分を自分とは認めたくなかったのです。また、屈辱に甘んじている自分も自分とは認めたくなかったのです。「そんな自分は、自分ではない」と強く感じました。人間は、内面のどこかで、将来の自分を知っているのでしょうか？　そういう内省をそのとき深めたわけではないのですが、「英語を話せない自分は自分ではない。屈辱が想定されているのに、その屈辱を甘んじて受け入れる自分も、自分ではない。そういう屈辱に甘んじる自分を、自分は自分として認めない！」とそのとき、明瞭に意識したのです。デイドリームがそう思わせてくれました。

　それがきっかけです。英語の努力が一生続くことはすぐに分かりました。それは承知の上でした。それが困難な道なら、困難であればあるほど、ほとんどの人が途中で脱落するだろうから、最後には自分だけが残る。そう分かりました。途中でやめる、やめないは、自分が決めることです。ですから、自分がやめないかぎり自分は必ず残る。問題の本質は他人との競争ではないと、はっきり分かりました。

　こんな思考をそのとき、夢から目覚めた頭で巡らしていたのです。

　そして、「いつ決断するんだ？」と、自分に問いました。決断を先に延ばすことは愚かに思えました。今ここで、この瞬間に決断しなければ、千載一遇の好機を逃すと強く感じました。「決断」は、「今」にしか託されていないと分かったのです。ですから、まさに、後の世の、「今でしょ！」でした。冗談みたいですが、本当にそうだったのです。その場でボクは、「英語を話す人になる！」と決然と決断しました。白日夢から目覚めて、15分も経っていなかったと思います。その決断が、一生を決定づけてゆくことが妙な臨場感で予感されましたが、それは、ちょっとワクワクした感覚でもありました。未来が今ここで決まったみたいな感じでした。

　こうして、自分の英語人生が始まりました。

人間の人生というのは、どうも、基本の路線が生まれたときから決まっているような気がしてなりません。なぜあのとき、あんなデイドリームを見たのか分かりません。しかし、あれによって「英語を使って生きる」という現実的な基本路線が決まりました。人によっては、それが芸術だったり、スポーツだったり、いろいろな分野だったりするんだと思います。でも──、ボクの場合は、乗るべき線路は「話す英語」だったようです。

　アクションは、すぐに起こしました。当時有名だった「リンガフォン」という英会話教材を注文して、毎日そのレコードを聴き始めました。そして、ほどなく都内のホテルでアルバイトを始めました。外国人のよく泊まるホテルを選び、そこでページボーイとかベルボーイとか呼ばれる仕事に就いたのです。その仕事は、外国人と頻繁に英語を話すことが求められていたからです。現実に英語を使う状況に自分を放り込みました。ボクにとっての英語は、最初から「話す英語」でした。「英語は、話せてナンボ」を地で行きました。当時、こんな下品な言い方は知りませんでしたが、しかし、この言い方は嫌いではありません。好きなものは、人によって違います。人は、好きなものを選び、好きなものを上手にするのが一番だと思います。好きなものなら、努力が苦痛にならないからです。このシリーズは、英語好きの人々のために書かれた本です。

　まず、決断してください。「自分は、英語を話せる人間だ！」と、自分に言い切るだけでいいのです。それで、すべてが決します。あとはアクションを起こすだけ。アクションの楽しさは、人生の本質じゃないですか。

　さあ、そうやって決断した人への、ボクからのプレゼントが本書です。

　ヒカルランドの『**英語を話す人になる！**』シリーズも、この本で**4冊目**。本書のテーマは「**拡大モード**」。英語を即興で、**ペラペラしゃべる極意**です。**ネイティブの英語の話し方**。掛け値なしの「**秘中の秘**」。どんな書店の、どんな書棚を探したって、これを明かしている本なんか、あるはずないです。断言し

ます。ボク自身が、自分で気づいたこの方法で、現実に20年間海外でサバイバルしてきたんですから。ですから威力は**実証済み**です。Warranty（保証期間）は一生です。それを、あなたに差し上げます。

　さあ、本丸突入です。堀はすべて埋めつくし、厚い扉もすべて大砲でぶち壊してあります。

　行く手は、楽勝です！

この英語は、生きるための提言です

「学校英語を超えるだけの英語」ではありません
まして、「文法マニアのための英語」ではありません

本書の英語は、この混迷の時代を生き抜くための武器です

今世界に広がる狂気は、2万年の時間オーダーで起こっている現実です
そこを見抜かなければ、この時代に生まれ合わせた意味がありません

今世界では、なぜ破壊、独占、非道が加速しているのでしょう?
2万年の歴史の果てで、なぜ分離が極限化しつつあるのでしょう?

その謎を解くカギは
個が全を凌駕するとき、その種は滅びる
という公理です

著者は国内外で長年日本語を教え、日本文化の本質を考え続け
西洋哲学に親しみ、インド哲学の内奥を探求し続け
寓意が織りなす文明史の迷妄を直視しつつ

独語、サンスクリット語、スペイン語、ラテン語を援用して
人類を牽引する英語の秘密を探り続けました

言葉の「話す力」こそが人間をつくってきたのです
「読む力」でなく、「話す力」こそが人類を先導してきたのです

ですから、日本民族がこの難局を乗り越えるには
日本語の対極にある「英語」の「話す力」をこそ獲得すべきなのです

人類はいま、古い殻から脱皮しつつあります
今は進化の瞬間です!

C O N T E N T S

INDIVIDUAL ASCENDING METHOD

ブックデザイン　吉原遠藤（デザイン軒）
カバー・本文イラスト　にら
校正　麦秋アートセンター
英文校正協力　モチヅキ吉田倫子

INDIVIDUAL
ASCENDING
METHOD

序章

英語は、
即興で話すもの

Point **世界の現実**

　最初にちょっと、耳の痛い話をしますよ。読者のみなさんの気分を害するために書くわけではありません。その逆です。明瞭に現実を実感し、外の世界を知ってもらうためです。勝利はすでに手の中にあるんですから、安心してください。その安心への確信をより確かなものにするために、海外の現実を知っておいてほしいのです。その認識が、すぐに始まる「拡大モード」の中身に対する信頼に変わるでしょう。そのためにも、一度、知りたくない事実から目を背けず、一度、それを直視しておいた方がいいのです。

　いかに日本人の思い込んでいる英語が現実から遊離していて、世界の常識から外れた偽物であるかに気づいてもらいます。たぶん、日本人は、世界中の英語を話す人々から笑われているはずです。それに気づいていないのも、たぶん、日本人だけでしょう。英語を難しいと思っていること自体が、その証拠です。英語を難しいものとして教えている人たちにとっても、それは大問題のはずです。

ネパールの小学生に、負けていた

　あるとき、マニラの自宅でTVを見ていたんです。記憶は少し不鮮明なんですが、その番組はネパールに関する番組だったと思います。道を歩いている少女にマイクが向けられました。その少女の声が、そのままの英語でTVから流れていました。小学校6年生くらいの利発そうな印象の少女でした。質問に対し、彼女はきちんと答えていました。なにげなく画面を見ていたボクは、ふとその話し方が気にかかり、ソファーから身を乗りだし、TVの声に耳をそばだてました。彼女の英語の話し方がボクの意識にひっかかったんです。その話さ

れた英語を聴いていて、「えッ、やっぱり？」「〜だよね！」と、一人で合点したのです。

　フィリピンではBBCでも、CNNでも、FOX Newsでも、番組はそのまま英語で流れます。それらの放送局では、リポーターを頻繁に世界各国に送り出します。とりわけ非英語圏に取材に行って、現地で市民にマイクを向け、市民がその場で英語で答えるような報道番組が頻繁に報道されます。そういう番組を見ていてすでに気づいていたことがあるんですが、それとまったく同じことが、ネパールのその少女の受け答えから、再確認できたんです。インタヴューに答えていた人物が小学生だったことで、ボクの印象は強い衝撃に変わりました。

　ネパールは豊かな国ではありませんし、大国でもありません。教育制度だって、日本ほど大がかりではないでしょう。ただ、歴史的にイギリスの影響を受けた国ですから、国民が英語を話すことは知っていました。しかし、その英語とてネパール人にとっては母語ではありません。英語は彼らにとって外国語です。その外国語を、小学6年生くらいの女の子が、十二分すぎるほどに、見事に、自然に話していたのです。発音の問題ではありません。話し方です。

　彼女は、考えながら話していました。考えて話し、考えて話し、そうやってポツリ、ポツリと自然に英語を話していました。話すことを頭の中で完成させてから、それを英語に訳し、その訳が消えないうちに話すような話し方ではなかったのです。自分の思考を翻訳して話していたのではないのです。その場で英語で考え、それを同時に口から出していたのです。思考としゃべりが一体化していました。英語で考えると同時に言葉が口から出ます。フレーズのカタマリごとに、ポツリ、ポツリと口から英語を出す話し方です。思考と発声の間にギャップがないのです。それは、ボクの英語の話し方とまったくおなじでした。

　日本人が日本語を話すとき、頭のなかで文全体を完成させてから話すことはないでしょう。断片的に思考をまとめながら、その日本語の断片、断片を、ポツリ、ポツリと口から出しつつ全体を構成してゆくはずです。それとおなじで

す。その少女の話し方は、完全に、それを英語でやっていたんです。ということは、ネパールの小学校の授業では、そういうふうに、先生たちが子供たちに英語を教えているということです。ネパールの英語の先生たちは、英語が完全に分かっていたことになります。意識はすぐに、そこへ飛びました。

　西洋の非英語圏、たとえばドイツでも、オランダでも、スウェーデンでも、英語が母語ではない国の人々が英語を話すときも同じです。彼らは見事に英語を話します。アフリカへ行ってもおなじです。英語を話すアフリカ人なら、ヨーロッパ人とおなじように英語を話します。どこの国の人間でも、英語を話す人々は、ネパールの少女のように英語を話すのです。それは世界共通の英語の話し方です。世界中の人々が、英語の本質を同じように理解し、同じように利用しているのです。彼らにとって、英語は単に実践的な道具です。他人との優劣をつけ、虚栄を装うための飾りではありません。道具として自然に使えていないのは、たぶん、日本だけです。この錯覚は、どこから来たのでしょう。

「なんてことだ！」、ボクは、ショックを受けました。

　世界中の人々が、ネイティブと同じ話し方で英語を話していたのです。大人も、子供も。世界中の人々が母語を話すようにして英語を話せていたのです。そのことに、改めて、ネパールの少女の英語の話し方を聴いていて、気づいたのです。海外では、小学校での英語の教え方からして、根本的に日本とは違っていました。それは世界中の国々では当たり前の英語理解ですが、日本の英語界はそれをつかめていないことになります。そのことが分かり、ショックを受けたのです。ボク個人がショックを受けたのではなく、日本人として悔しかったのです。

「勘弁してよ！」、心の中で、何度もつぶやきました。

　ボク自身は、誰からも英語の話し方を習ったことはありません。強いて言えば、ボクの英語の先生は、マニラ市内を走り回っている無数のタクシーの運ち

ゃんです。ボクは、タクシーに乗るときは、必ず運転手の隣に座ります。そうするとタクシーの中は顔を見て話せる最良の英語空間に変わります。閉鎖空間ですから何を話してもかまいません。どんなに間違えても気にすることもありません。毎回、違う相手と話ができますし、自分より英語の下手な運ちゃんもたくさんいて、自信まで深めてくれます。ボクはそうやってある時期まで、意識的に話す訓練を続けていました。取材で様々な場所に着くまでの時間の有効利用です。転んでもただでは起きない精神の発揮です。「ボクの英語は、取材や、インタヴューや、大学の講義で鍛えました」などと言うのは、正しいのですが、よそ行きの説明です。日常的には、タクシーの運ちゃんです。しかし、ボクの英語は西洋人の話し方とまったく同じです。つまりはネイティブの話し方です。タクシーの運ちゃんを利用しても、そうなるのです。

「なんで、それができないの？」「なんで、その程度のことを教えられないの？」、それが、怒りの本質です。

　バカみたいに易しいのに。「日本の英語教育は、なにをやっているの？」「英語の、一体、なにを教えているの？」、というのがボクの怒りでした。

　ネパールの少女の英語の受け答えを聴いていて、再びそういう気分になってきたんです。日本人が普通に思っている英語の概念、いえ、「観念」自体が的外れなんです。

　日本人は、英語の幻を英語の実像と勘違いしているようです。

　世界中の人々が、英語を、ネイティブの流儀で話します。
　日本では、その流儀が教えられていません。
　そこが、最大の怒りの核心です。
　それは、英語の本質が見えていないのと同じです。
　要は、日本人は、英語と違うものを学んでいるのです。
　それで、英語が話せるようになるはずなどないのです。

もう一つ例を出します。

マニラの小学生にも、負けていた

ボクは、マニラで、日本人のカソリック神父が運営していたNGOと懇意にしていました。そのため、その神父さんに連れられて、いろいろなところを訪問していました。普通は目にできないような場所や場面によく遭遇しました。その神父さんは、日比間の教育里親制度を運営していて、日本の教育里親が寄付するお金を、マニラ市内の公立小学校の子供たちに奨学金としてリリースしていました。そんな関係で、日本人里親の一行がマニラの小学校を訪問した際に、ボクもそれに同行したのです。校庭に集まった多数の小学生たちが、日本の里親たちに感謝を伝えるセレモニーでした。そのときの返礼のスピーチが、また、ネパールの少女同様の衝撃をボクに与えたのです。

スピーカーは5年生の女の子でした。壇上の20人ほどの日本のお父さん、お母さんに向かって、その5年生の女の子が、英語でお礼を述べました。小さな両手でマイクを握り、しかし堂々と話しだしました。話し方は実に立派でした。原稿など一切ありません。即興のスピーチです。それが延々と続くのです。5分、6分と続きました。彼女は、両手に握ったマイクを手放さないのです。日本のカラオケで、一度マイクを握ったら二度とそれを放さない人のようでした。英語で話すことへの恐怖など、微塵もありません。自分たちがいかに熱心に勉強しているか、どんなに大きな夢をもっているか、将来どんなに社会に貢献したいと思っているか、それを支えてくれている日本のお父さんやお母さんたちに、どれほど感謝しているか、それらの話が延々と続くのです。予想された時間をはるかに超え、里親たちも、先生たちも苦笑いでした。

はっきり言って、その少女の話しっぷりは、日本のESS（English Speaking Society）と呼ばれる大学の英会話サークルのメンバーたちが話す英語より、ずっと上手でした。

　ボクは啞然としてそのスピーチを聴いていました。考えてみてください。小学校5年生の、彼女の話すスピーチの内容自体が、能弁な日本の高校生が日本語で熱弁をふるうレベルに匹敵していたんです。しかもその英語が、英語の得意な日本の大学生の英語のはるかに上を行っていたのです。すべてが衝撃でした。ですから、また心の中でつぶやいていました。

「日本は、一体、英語の何を教えているんだろう？」と。

　戦後、マッカーサーが、日本人の精神年齢を12歳と言いましたが、英語を話す能力に関しては、間違いなく12歳以下です。腹を立てる資格がありません。よくよく考えるべきです。日本中で英語を学んでいる中学生や高校生のすべてが大学教授や研究者になるわけではないのです。国もそれを目指して自国の若者に英語を課しているわけではないはずです。「読む英語」が必要なのは、大学で外国の文献を読まなければならない研究者や技術者だけです。なのに、英語教育のすべてをそこにフォーカスさせている意図は、何なのでしょう？この錯誤を見抜けない日本の精神風土は一体、何なのでしょう？　わたしたちは、唯々諾々とその錯誤に騙されていますが、それでいいのでしょうか？

　怒りが特定の対象に向かわないよう、自制はしているつもりです。

　しかし──、世界は「話す英語」で回っています。政治も、経済も、金融も、軍事も、資源も、国際法も、そして商取引や人道支援も、文化交流や科学技術の交流も、恋人同士のささやきあいも、あらゆることが「話す英語」で回っています。書面の交換は最後の最後です。99パーセントの道のりは「話す英語」で展開します。しかも、それがシビアな国際交渉なら、その半分以上は駆け引きです。言葉による狐と狸のだましあいです。そういうやりとりやだましあいが、「話す英語」で行われるのです。12歳以下の会話力で太刀打ちできる世界ではありません。

　日本にはかつて戦国時代がありました。上杉謙信、武田信玄、織田信長、豊臣秀吉、徳川家康、みな百戦錬磨の狐と狸でした。日本人にその能力や才覚がないわけではありません。だからこそ、日本人はその厳しい時代をくぐり抜け、日本の統一を成し遂げたのです。しかしその日本の統一は、すべて「話す日本語」で成し遂げました。

　世界はまだまだ戦国時代です。それは歴然と「ロシア・ウクライナ戦争」で証明されました。戦後の日本人は思考の一部を停止させてしまったようです。見たくないものは見ないようにして生きてきました。それが英語の錯覚に見事に結晶しています。Speaking のテストを含まない TOEIC のスコアにどれだけの価値があるんですか？　しかもそのスコアには有効期限があるそうで、何度も何度もテストを受け続けるんだそうです。それって、ただのビジネスじゃないですか？　企業の採用側でそんなスコアを求めるオジサンたち、そもそも、「あなたたちは、しゃべれるの？」と、問いたくなります。

　また、一線を越えそうです。だから止めます。

　まず、ここまでの現実から目を背けないでください。真に勇気ある人は現実を直視します。そしてその認識からすべてを組み立て始めます。ソリューションはすでにあると言いました。ですから、安心してください。そのソリューションを知る前に、ここまでの日本人の錯覚に気づいてほしかったのです。見えない次元で、すでに個の淘汰が始まっています。否定すべきものを断固として拒否する心の強さをもちましょう。さあ、その上で、本論へ突入です。

Point 即興で話すには？

英語は、頭で翻訳しながら話すものではありません。英語は感情と一体で、即興で話すものです。「そんなこと、できるの？」と問いたくなるでしょうが、「できます！」と、決然と答えます。

5文型が諸悪の根源！

高校時代の英語の勉強で、不愉快だったものの先頭にあったのが「5文型」でした。「ふざけるな！」と、何度も心のなかで叫んでいました。完全何々、不完全何々、自動詞、他動詞、抽象的なこれらの単語の組み合わせだけで動詞の全体を捉えられるのかと思っていたら、突然、「授与動詞」なんてリズムを狂わす変な言葉も入ってきます。「なんだよ、お前は？」と思ってしまいました。全体を統一的に理解しようとする意識が破壊されて、おまけに補語の意味や概念があいまいで、「ワケ、分からん！」と、とにかくイライラさせられました。

受験英語にはいくつかの不可侵の領域があった気がします。この「5文型」がまさにその代表だったような気がします。当時は、「分らないボクが悪い」と、ひたすら自虐的に内向するしかありませんでした。だけど今は、「5文型よ！　お前が諸悪の根源だ！」と、反撃できます。そのとき感じた不愉快な感情に対しても、「今こうしてリベンジしているぜ！」と、報告したいくらいです。もし同じ思いをしていた人がいたら、ボクとしてはとても嬉しいです。

我々は今、「即興で英語をペラペラしゃべる」という目的に向かって、果敢な戦いを挑んでいます。これは戦いですから、武器が必要です。素手で戦うこ

となんてできません。素手で戦えるのはポパイだけ。しかし、そのポパイだって「ホウレン草」の威力を利用して戦っていました。ポパイにとって「ホウレン草」は武器とおなじでした。

さて、ボクたちにとっての武器とは、なんでしょう？　考えてみましょう。英語を話すとき、「話し方」を決めておかなければ絶対に話せません。「話し方」というのはしょせん文のパターンのはずです。文のパターンというなら、「5文型」の右に出るものはありません。それはイギリス発祥の考え方ですから、疑うことなんか不可能のように思われます。宗教の Dogmatism（教理）に近い不可侵の領域です。受験勉強では、きっと今も信仰の対象になっているはずです。「知らんけど」、なんて若者の真似をして、自分の言葉の責任を曖昧にするのはよくありません。だからボクは、「5文型は、諸悪の根源だ！」と、自分の責任で断言します。

なぜ断言できるのでしょう。それは、話す英語にとって、「5文型は役に立たない」からです。第3巻の序章、「頭の中の構え方」で、言ったでしょう？大学受験の英語の知識は「いったん、全部捨てろ！」って。

考えてみてください。「5文型」は、すべての英文を文法的に5つのパターンに分類したものです。当然、海外へ出ていきなり英語をしゃべるとき、そこで話される英文は、すべて「5文型」のどれかに該当していることになります。それは間違いありません。だからこそ、信仰を集めてきたわけです。「読む英語」ではその信仰はかなり有効です。否定しません。しかし、ボクたちの目的は「読む英語」ではない。「話す英語」です。「話す英語」でも、本当に「5文型」は有効でしょうか？　ここを厳密に問う必要があります。ここを厳密に明らかにしないと、「読む英語＝話す英語」を信じたまま、「読む英語 ➡ 話す英語」へ進めると誤解してしまいます。

一応、「5文型」に登場してもらいましょう。普通の社会人は、きっと忘れているでしょうから。

```
第1文型：完全自動詞    SV
第2文型：不完全自動詞  SVC
第3文型：完全他動詞    SVO
第4文型：授与動詞      SVOO
第5文型：不完全他動詞  SVOC
```

　以上です。ボクはこれを、高校時代、どれだけ眺めていたことでしょう。なんの愛着も湧いてきませんでした。想像力をかきたててくれる何物をもここからは得られませんでした。まるで、憎しみの対象だった物理の教科書の数式みたいでした。英語の先生の少しはましな解説があったなら救われたかもしれません。でもそれは期待はできませんでしたから、まるで粘土板に刻印された古代文字みたいなものでした。もちろん、Sの意味も、Vの意味も、Oの意味も分かっていましたが、Cの意味はよく分かっていませんでした。ともあれ、これが英語のすべての文をカバーする「5文型」だというのです。

　簡単な説明をしてみましょう。ナルホドと思うはずです。海外旅行へ行くとき、大きなトランクを5個もって、旅行へ出かけられますか？「ありえん！」と思うはずです。そもそも、空港のチェックインカウンターで膨大な超過料金を取られるでしょうし、洗面具がどこに入ったのかさえ分からなくなるはずです。ホテルで顔を洗うとき、5つのトランクすべてを開けなければ、歯ブラシ1本すら、探し出せなくなります。「今日は晴れてるから、あのシャツを着よう」などと思っても、そのシャツがどのトランクに入っているかも分からなくなります。

　英語を話すときは、その場で即応しなければいけないので、順番にトランクを開けて、「ボクの思考はどの文型だっけ？　第1文型かな、第2文型かな、第3文型かな、第4文型かな、第5文型かな？」なんて、考えている暇はありません。ふざけたことを書いていると思うかもしれませんが、でも、これ、決して誇張じゃないんです。5文型の呪縛はあまりに強烈です。なのに、無意味

なのです。だって、いろいろな疑問文を英語でつくるとき、この５文型は全然役に立ちません。「あれ、アイツら、どこへ消えたの？」、「英語はオレたちがすべてだ」なんて言ってたくせに、「いつ？」「どこで？」「誰に？」なんて言おうと思っても、「なんの役にも立ってくれないジャン！」と、そういう慨嘆に襲われます。どうも、日本人の英語理解を入り口で破壊していたのがこの「５文型」のようなのです。透明の箱に閉じ込められて、その箱が見えていない昆虫のようです。ボクは、フィリピンへ行ってはじめて、自分が透明の箱の中に入っていたことが見えました。

　フィリピンに移住する前、日比間を20回も往復して、パスポートをスタンプだらけにしたボクの経験から言っても、これは決して誇張した言い方ではありません。たった１個のトランクでさえ、旅行者にとっては頭痛の種です。もしトランクが５個あったら、旅行なんてできません。絶対に無理。でも、もし、トランクが２個だったらどうなると思う？　　２個のトランクをもち歩く人はけっこういます。相当辛いけど、でも、いることはいる。まあ、現実的な行動の範囲になります。一切を二つに分類しておけば、開けるべきトランクはすぐに分かります。衣類用なのか、お土産用なのか、すぐに分かる。

　英語を話すときも、これとおなじです。使うべき文がどのパターンになるか、それを５つの文型に細かく分けて意識化しておくのではなく、二つの文型に大雑把に分けて意識化しておくだけで即応時間がまったく違ってきます。英語を話す現場では、五つのなかから一つを選んでいる暇はありません。しかし、２分の１の選択、つまり「どっちだ？」という意識なら、0.1秒で判断できます。ボクが文型を判断するときは0.1秒しかかけません。１秒も必要ありません。本当です！　だから、この比喩は正しいのです。混乱してわけが分からなくなるか、それとも0.1秒で決するかですから、「２文型」のほうが圧倒的に正しく現実的なのです。本書はあくまでも「話す英語」という目的で書かれているので、そこは忘れないでください。「読む英語＝話す英語」という錯覚をしていると、「読む英語」で多少は役に立った「５文型」を「話す英語」にも適用して、それで英語を話そうとするので、全員玉砕します。だから、「５文型は

諸悪の根源」なのです。

英語を話すなら、2文型だ!

「5文型」の厳密な考察は第5巻の『This is a pen は、魔法だった』で行う予定ですから、それまで待ってください。ここは大雑把に捉えてもらうだけでいいと思います。

　さて、そもそも、「2文型」なんて言葉や概念、これは既成の英文法の中にはありません。たぶん、醒めた読者は「オマエ、なに言ってんの？」と冷笑しているはずです。でもかまいません。このシリーズは「日本人の、日本人による、話すための英文法」を標榜しているのですから。信念をもって突き進みます。

　次の章に入る前に、「2文型」を簡潔に説明しておきます。

　英語を即興で話すには、二つの戦略があるのです。いえ、二つの武器があるのです。その二つの武器を使い分ければ、どんな状況でも即興でペラペラ英語が話せるようになります。ネパールの少女にも、マニラの少女にも負けません。いえ、大人の即興英語が話せるようになりますから彼女らを超えます。

　その第一の武器が「**拡大モード（Expansion Mode)**」、本書の内容です。

　もう一つの武器が「**叙述モード（Description Mode)**」、第5巻で述べます。

　この二つの武器を使い分ければ、誰でも嘘みたいに簡単に英語が話せるようになります。これを分かりやすく言い直しますと、「拡大モード」を使うときの文型と、「叙述モード」を使うときの文型が違うのです。ボクは、英語のすべての表現をたった二つの表現グループに分けていて、それを「拡大モード」と「叙述モード」に割り振っているのですが、それぞれが別の文型を使うわけです。

　ですから、英語を話すときは「拡大モード」を使うのか、「叙述モード」を使うのかを判断すれば、自動的に２種類の文型のどちらか一つを選択することになるのです。文型というよりも、表現パターンで判断できるのですぐに判断がつきます。しかも頭の中で決することですから、本当に0.1秒しかかかりません。ボクはそういう仕組みを使って英語を話してきましたし、今も話しています。実際にそれで20年間、海外でサバイバルしてきました。ですから、「２文型」の理論には実効性があり、実践的なのです。

　というわけで、文型の視点から見れば、ボクの英語理解は間違いなく「２文型」です。文法書の知識を利用したものではなく、一切を体験的に結晶させた方法ですから、100パーセントのオリジナルです。しかもその効果は海外で実証済みです。勿体つけず、あっさり結論を出します。

> ① 拡大モード ➡ SVO で話すときに使う
> ② 叙述モード ➡ SVC で話すときに使う

　つまり、ボクにとって、一切の英文は、① SVO か、② SVC か、たった二つの文型に分かれています。しかし、ここで注意してほしいのは、**この場合のSVC は、「５文型」の SVC とは中身が違う**ということです。ここで、「５文型」の問題点が暴かれることになるのですが、詳しい説明は第５巻、「叙述モード」の説明まで保留します。そうしないと本書の焦点がぼけるからです。

　IA メソッドにおける、① SVO と、② SVC の違いは、以下のようになります。

　それは動詞の違いを最大限に広げることでつかめます。自動詞と他動詞とか、完全何々とか、不完全何々なんて分け方はすっかり忘れてください。それらの言葉は即刻解雇です。それらの用語は話す意識にとって邪魔にしかなりません。

ボクは、英語の動詞は以下のように分類しています。

> ① SVO の動詞 ➡ Be 動詞以外のすべての動詞
> ② SVC の動詞 ➡ Be 動詞のみ

　これ以上簡単な動詞の分類があるでしょうか？　ないと思います。文型の違いを「拡大モード」と「叙述モード」という表現パターン、つまり武器の種類と重ね合わせて理解し、しかも同時に、それぞれの武器で使う動詞を①の一般動詞と、②の Be 動詞に分けてしまうのです。これなら、動詞の判断には0.1秒しかかかりませんし、それが判断された瞬間に使う武器の種類も決まります。我ながらあっぱれな臨戦態勢です。

SVOとSVCの本質的な違い

　SVO の動詞とは、つまりは動作を表す動詞です。「私は、**食べる**」とか、「私は、**行く**」とか、「私は、**分析する**」とか、つまりは動作、アクションです。主語が人間以外の事物に変わっても関係ありません。「窓が、**割れる**」とか、「山が、**動く**」とか、なんでもいいのです。補語も目的語も意識から外してかまいません。難しいことは一切考えないようにします。所詮は Be 動詞じゃないということだけで判断します。ですから一瞬で判断できます。

　考えてみると、これらの一般動詞はすべて、人間の生存に直結しています。つまり「食べる」も、「行く」も、「分析する」も、「割れる」も、「動く」も、ありとあらゆる動作が人間の生存に直結しています。自然環境の変化だって人間の命に影響を与えます。「山が、動く」ときは「逃げる」必要があります。さもないと土砂崩れに巻き込まれて死んでしまいます。「窓が、割れる」状況だって、ガラスの破片が顔を直撃します。破片が目に当たったら失明するかもしれません。みんな生命に直結する事態です。ですから動作や変化を表す動詞

は人間の生存に直結していると考えて間違いありません。人間はそういう観点から、諸々の動詞を考え出したのです。

　一方、SVC の動詞である Be 動詞はどうでしょう。This **is** a pen. No, no〜, this **is** just a stick! などと、認識をつかさどっているのです。ペンなのか、ただの棒なのか、その判断を表しているのが Be 動詞です。換言すれば、主語と補語の関係を認識する役割をまかされているのが Be 動詞です。つまり、**人間の言語は、ここは英語の言語表現と言っておきましょう、①動作や変化を表す表現形式と、②認識をするための表現形式に分かれる**のです。ボクは勝手にそう解釈しています。どんな本にもそう書いていなくてもいいのです。そんなことはどうでもいいことです。自分の思考を信じて、それが実効を支えていればそれでいいのです。**「5 文型」の SVC の V には、Be 動詞も一般動詞も入ってきますから役に立ちません。**混乱が深まるばかりです。だから無視せざるを得ないのです。我々日本人は「5 文型」の奴隷じゃないので、「5 文型」に「おとといおいで！」と言ってやってください。

　例えば、インド古代の聖典『リグ・ヴェーダ賛歌』には、SVC にあたるいろいろな表現が出てきます。インドラ神（雷神）が言います。「われはマヌ（人間の祖先）だった。またスーリア（太陽神）だった」と。これは天地創造神の一つであるインドラ神が自己認識を表明している一節です。「自己＝人間の祖先」と自己認識し、さらにそれだけではなく、「自己＝太陽神」でもあったとも認識を広げています。このインドラ神の言葉自体が、当時のインド人の哲学的な認識の表明で、世界認識だったのです。古代インドの人々は自然界を様々な側面から観察し、それらの威力をすべて神と認定しつつ、世界認識の範囲を広げてゆきました。その行為自体が人間の知の拡大になっていたわけで、認識の質と奥行きの表明にもなっていたわけです。

　つまり、**「〜は --- です」という表現形式は認識のための形式**なのです。英語ではそれが Be 動詞によって担われますが、こういう認識の思考形式はインド哲学の論理学では**「同置」**と呼ばれ、人間の根源的な思考パターンとされてい

ます。人間に「同置」の思考法がなかったら、人類は一切、知の蓄積ができなかったことでしょう。ですから、すべての動詞を一般動詞と Be 動詞に分ける発想は思いつきで言っているものではないのです。

「ChatGPT は危険だ」という表現は、「ChatGPT ＝危険」という認識の表明ですし、「ChatGPT は安全ではない」は、「ChatGPT ≠安全」という否定的な側面からの認識です。「2020年の東京オリンピックは失敗だった」だって、時制が過去になっているだけで、所詮は認識の表明です。**人間の言語に基づく思考パターンは、物事の「動きや変化」の表現なのか、それともそれを「認識」する表現なのか、どちらかなのです。**ボクはそう考えます。そういう思考の結果として、英語の文型を SVO と SVC に絞り込み、前者を表現するときは「拡大モード」を使い、後者を表現するときは「叙述モード」を使うのです。こういう思考上の武器の使い分けをするときには、同時に「一般動詞」と「Be 動詞」の使い分けもすることになるのです。

　この**二者択一の判断には0.1秒しかかかりません**。そしてその二者択一の投網は、英語表現のすべてを捉えます。その網から逃げ出せる表現はありません。二網打尽です。

　細々した文法知識は、話す現場では役に立ちません。

　自分のもっている文法知識を極限的に単純化しておかなければ、話す現場では役に立たないのです。ですからボクはこういう方法を自分で、自分のために編み出しました。タクシーの運ちゃんに教えてもらったわけではありません。フィリピンへ行く前に日本で蓄えていた知識が、フィリピンという英語を使う現場で自然に結晶したのです。日本語の口語文法や文語文法の知識も、西洋哲学の論理学も、インド哲学の知識も、サンスクリット語の知識も、ドイツ語もスペイン語もラテン語の知識も、みんな役立っています。英語の知識だけで結晶したものではないのです。英語を英文法だけで理解しようとする発想は狭すぎます。

INDIVIDUAL
ASCENDING
METHOD

拡大モード

Expansion Mode

Point

Step 1.
拡大モードの仕組み

1. 拡大モードの意義

> 考える速度と、おなじ速度で話します。
> そのために、「考えて話し、考えて話し」をくり返します。
> 「文全体を訳してから話す」のではダメです。
> 思考の断片ごとに「訳して話し」、「訳して話し」てゆくのです。

　実際には、どうやって話すのでしょう？

　このスキルの獲得こそが英語を学ぶ最大の目的であり、このスキルの獲得こそがネイティブ・トークの核心です。残念なことに、日本では、これまでこの話し方が教えられてこなかったようなのです。ですから、これから学ぶ拡大モードの修得こそが日本民族に求められる「話す英語」の究極のターゲットです。そして、そのための準備はもう十二分に整っています。**心理モード**や**逆転モード**は日本人の英語の概念を変えたはずです。そして**前置詞ユニット**という新しい文法概念で、即興で英語を話すための最大の秘密兵器を手に入れました。そこまでの説明はすでに第３巻までで終わっています。この第４巻はこれらの現実的な使い方を伝授するのが目的です。

　「伝授」などと大袈裟な言い方をするには、理由があります。

　IA メソッドの中身すべてがオリジナルな実践法であり、本書の執筆者がた

またまフィリピンと出あって、その地で真剣に英語を使って生きてゆくなかで結晶した奇跡的な成果、いえ自重して言えば偶然の成果だからです。つまり、IA メソッドも、前置詞ユニットも、拡大モードも、本書の執筆者を措いて、執筆者以上にそれらの使い方に熟達している人間はどこにもいないのです。自慢でもなんでもなく事実なのです。ですから、その本人がこの書を書いている以上、それは「伝授」になるのです。自分でつくった方法を、自ら使い、自ら工夫しつつ、延々と Refining（洗練）させてきた本人が怒りと情熱をもって説明するのですから、それは「伝授」なのです。

　しかし、なぜ、「怒り」なのでしょう？

　それは、英語のプロでも、英語の先生でもなかったこのボクが、口調を変えますね、簡単に見つけることのできたこの英語の話し方を、日本というこの国の教育システムを150年にわたって独占してきた「目に見えない人たち」が、日本国民に教えてこなかったからなのです。変でしょう？　ボクが簡単に編み出せた程度のものを、なんで英語のプロたちや、教育制度を握った人たちが見つけ出せなかったんですか？　職務怠慢じゃないですか？　そもそもボク自身が、その職務怠慢の犠牲者の一人だったんですから、ボクが「怒り」を抱いて当然じゃないですか。そしてその「怒り」は、日本人全体の「怒り」でもあるはずですから、それをこうして開示できる喜びは、「情熱」に満ちたものにならないはずがないじゃないですか。

　ボクは日本人に生まれて、日本で育ったことに喜びも誇りも自然に感じている人間ですから、ささやかですが、こうして自分の国と日本人に貢献できることは喜び以外の何ものでもありません。ボクは海外に長くいたので、日本人の優秀さを嫌というほどよく知っています。その優秀な感性や頭脳が非常に偏った方針でゆがめられてきた現実が許せないのです。「日本人が日本人をいじめてどうするの？　何を考えているの？」と、「目に見えない人間たち」に言ってやりたいのです。

「目に見えない人間たち」がどこにいたのか、そして今もどこにいるのかは、みなさんで考えてください。そして、そんな変な影響力から解放されてください。日本人が能力を発揮すべき領域は世界に無限にあります。しかしそれらの領域は、ほとんど「話す英語」で回っていますから、個々の日本人は、どうしたって「話す英語」の能力を自分のものにしてゆかなければなりません。そしてそのとき必要になる努力を、ボクは何十分の一にも圧縮しました。その内実は、間違いなく150年分の怠惰を克服するのに十分な内容だと自負しています。最初の書きだしですから、多少の真情の吐露を許してください。

　ですから、期待してください。

　英語の話せる有能な日本人を、世界は希求しています。日本もそこからしか変われません。

　西洋文明の価値観はもう限界に来ています。でも、それを救えるのは日本人、日本民族の思考特性と感性ですが、「話す英語」という西洋文化のエッセンスとロジックを自分の思考と行動に取り込んだ日本人でなければその限界は乗り越えられません。日本語の能力だけでは乗り越えられないのです。海外の「目に見えない有象無象」に、いいようにもてあそばれるだけです。そんな屈辱はない。それをリアルに屈辱と感じられる人々に、この拡大モードを引き受けてもらいたいのです。

　あとは、勝利するだけです。読者にとっても、日本にとっても、世界にとっても。

　まずは、大原則です。

> 拡大モードで使う文型 ➡ SVO
> SVO は、人間の生存に直結した表現形式

　SVO の文型は、人間のありとあらゆる動作や行動の表現に使います。たとえば、飲んだり、食べたり、走ったり、開けたり、閉めたり、壊したり、つくったり、読んだり、入力したり、製作したり、考えたり、想像したり、調査したり、分析したり、思いついたり、これら無数の動詞で何かを表現するときにSVO を使い、拡大モードがバックアップします。

　また、自然界の諸々の事物や現象が、降ったり、止んだり、流れたり、解けたり、衝突したり、合体したり、分離したり、消えたり、現れたり、変化したり、それらを表現するときにも SVO です。

　Be 動詞以外のすべての動詞を使うときは、SVO、つまり拡大モードを使います。

「誰かが、〜をする」／「何かが、〜になる」 ➡ SVO ＝拡大モード

　ということです。

2. SVOの二つの原理

　I read a book. の動詞は他動詞です。I sleep. の動詞は自動詞です。他動詞は普通は目的語を取りますが、Did you read the book? と尋ねられて、I read! と答えることはしょっちゅうあります。つまり、他動詞でも目的語を「つける、つけない」の判断は話す人次第です。また、自動詞は I slept. や I swam. のように、目的語を取りませんから、目的語を意識しなくて済みます。というか、be 動詞以外の動詞を使うときは目的語の有無の違いを意識する必要がないのです。

　要は、その動詞が、普通の動作動詞かどうかだけが問題です。何度も言いますが、その動詞が Be 動詞でなかったら、みなおなじ扱いです。目的語が二つ

あってもおなじです。その上で、拡大モードを適用する文型をシンプルに、[SVO] と表記しておきます。自動詞と他動詞の違いをどう識別するかという問題は、第5巻『This is a Pen は、魔法だった』のなかで詳しく述べる予定です。

さあ、その [SVO] の文型には、二つの原理が働いています。その原理とは；

> ① **英語は語順だ！**
> ② **英語は、語順はどうでもいい！**

矛盾していますね。もう少し詳しい説明が必要です。

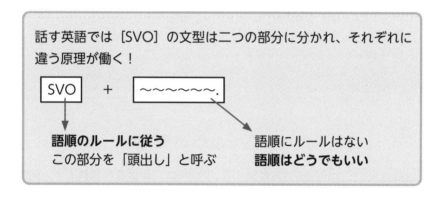

話す英語では [SVO] の文型は二つの部分に分かれ、それぞれに違う原理が働く！

SVO ＋ 〜〜〜〜〜.

語順のルールに従う
この部分を「頭出し」と呼ぶ

語順にルールはない
語順はどうでもいい

普通の英語は、たとえ書く英語であれ、話す英語であれ、I read the book. では終わりません。I read the book ＋ [in a library with a dictionary.] というふうに目的語の後ろの部分、つまり [〜〜〜〜] の部分に様々な情報を投入して、複雑な文にして書いたり話したりします。書くときは十分な時間がありますから絶対に困難を克服できます。辞書でも参考書でもなんでも参照できるからです。

しかし、「話す英語」の場合は、思考に許される時間は限られていて、会話

の相手や聴衆は自分の目や口元をじっと見つめていて、どんな言葉が出てくるかを注視しています。ですから、悠長に構えてはいられません。I read the book のあとをどう処理すべきか、それを知っていなければ話になりません。それを知らない人はスピーチも講演もできません。冷や汗を額にかくだけじゃなく、胸や背中までびっしょりかくことになります。ネクタイなんか締めていたら最悪です。間違いなく、全身濡れネズミになります。

　ほとんどの日本人が、こうして、ここで轟沈します。

「話す英語」にとって、SVO の文型は二つのパートに分かれていることを、ほとんどの日本人は意識していません。ですからこれさえ知っていたら、涼しい顔をして饒舌なパフォーマンスを続けられます。

> SVO の文型は、「頭出し」の部分と、その後ろの部分に分かれていて、語順のルールがまったく違う。

「頭出し」とボクが呼ぶ部分では語順を意識します。言うまでもなく、[**主語→動詞→目的語**]の順で言葉を発する部分です。**ここは基礎文法の力で処理する**部分で、その知識が問われます。問われると言っても、所詮は中学で習う英文法にすぎませんから難しくはありません。最終目標は0.1秒で即応すべきです。もちろん、最初はそんなに速くは反応できませんが、練習すればどんどん速くなります。

　最初は5秒、10秒とかかり、人によっては30秒、1分と考えることもあります。しかし、それでいいのです。めげないでください。反復練習で、必ず即応時間が短くなります。

　その後ろは、なんと、語順のルールがないのですから、なんのストレスも生まれません。どのように話してもいいのです。あなた次第です。とは言っても、

どうやって話せばいいのか、まるで見当がつきませんよね。その説明こそが拡大モードの核心です。

3. イメージせよ！

能弁家になる秘訣は、イメージの力です。話そうと思うことを映像化してください。たとえば、過去の自分の体験を話す場合、その出来事が、「いつ」、「どこで」、「誰と」、「どういうふうに」起こったのかを思い出すのです。それを映像として思い出します。それらの情報を1枚の映像のように思い浮かべます。すると話すべき内容は、その一つの絵のなかに消えない情報として浮かび上がってきます。

どんな言葉もそうですが、言葉はイメージと直結しています。というより、言葉はイメージから生まれてくるのです。イメージの背景をもっていない言葉は無力です。イメージをつくるのが上手な人は、言葉の表現も巧みです。ですから、まとまったことを話す場合、いきなり思考を言葉に変換してはいけません。まず言葉にする前の段階で、思考の中身をイメージとしてつかむのです。

使う言葉をいきなり探すのではないのです。まず、話そうとすることをイメージ化します。イメージは漠然としたものでかまいません。過去の体験なら、そのときの情景や内容を簡単に復元できるはずです。話すべき内容はすべてその中にありますから、そのイメージの中から話すべき情報を断片的に切り取ってゆけばいいのです。それを切り取るときに、優先順位が発生します。

そこの知識が話す力と直結します。

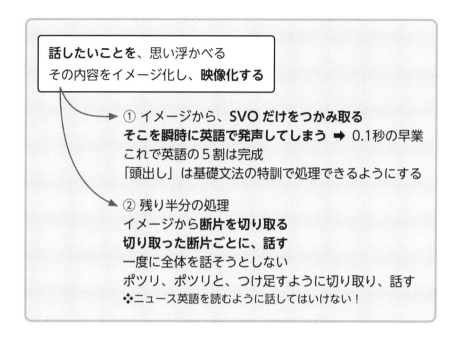

話したいことを、思い浮かべる
その内容をイメージ化し、**映像化する**

① イメージから、**SVO だけをつかみ取る**
そこを瞬時に英語で発声してしまう ➡ 0.1秒の早業
これで英語の5割は完成
「頭出し」は基礎文法の特訓で処理できるようにする

② 残り半分の処理
イメージから**断片を切り取る**
切り取った断片ごとに、話す
一度に全体を話そうとしない
ポツリ、ポツリと、つけ足すように切り取り、話す
❖ニュース英語を読むように話してはいけない！

　過去であれ、現在であれ、未来であれ、話す内容をどれだけ映像的に自己把握しているかが勝負です。イメージの復元力やイメージの構成力が強い人ほど、饒舌な話し手になります。英語を話す場合は、なおさらその結果が歴然と違ってきます。

　言葉を話す場合、頭のなかに音のない声が響きます。それが話そうとする内容の「想い」です。その「想い」が確かであれば、もう話す準備は整っています。その準備に使うべき時間が、理想的には0.1秒です。人間の思考は物理に支配されていませんから、「想い」さえ鮮明であれば、瞬時に「頭出し」の部分をつかみ取れます。思うと同時に「頭出し」が口から出てくるようにするのが最終目標です。その場合、最初は、「想い」のなかから、つまりイメージの中から **SV（主語＋動詞）をサーチして**、そこだけをまずつかみとります。猫パンチのような素早さで！

　そして、後先を考えず、それを言葉にしてしまいます。たとえば、I ate! と

か、I drank! のように。主語と動詞さえ声に出してしまえば、その動詞と連動する目的語は黙っていても口から出てきます。I ate → **Ramen.** とか、I drank → **beer.** のように。そうして、まず SVO だけを完了させるのです。**潔い根性がないと英語は話せない**ことを覚えておいてください。「頭出し」とは、文の先頭部分のこと。所詮は SVO、語順に支配された部分をアウトプットしてしまう作業です。

　これが出たら、話す行為の半分は終わっていますから、まずは心の中でリラックスしてください。焦る必要はありません。相手にほほえみかけて、フィラー（つなぎ言葉）やボディーランゲージを使いながら、間をとるのです。話し方に余裕を見せる一瞬です。そのあとの２段目の処理は語順が決まっていないので、どこから話してもいいのです。なにから話すかは、あなた次第。話し手が話したいと思う順番で話します。それは、SVO が取り除かれた残りの映像から、情報を断片的に切り取る作業になります。

　順番に、詳しく説明しますから、大丈夫。焦らないでください。

　まずは、英語を話すには、「イメージ」とか「映像」という、思ってもみなかった要素が絡んでくることを知っておいてください。こういうことは、誰も教えてくれません。アメリカへ行って現地の英語学校に入っても、絶対に教えてもらえません。そもそもこういう側面の指導は、日本の英語教育では丸ごと抜け落ちています。それは教師が話す経験をもっていないからです。

　なにかを話すには、頭のなかの処理がすべてです。思考も、言葉も、目に見えないメンタルな次元の処理の結果です。その目に見えない次元で一番力をもった存在がイメージです。必ずしも鮮明に映像化されていなくてもかまいません。それもやはりイメージです。それは「想い」と言い換えていいものですが、「想い」とて、それはすでに思考の結果です。切実に話したいと思う衝動や欲求があるなら、それは必ず「想い」を構成しているはずです。話すべき内容はすべてその中にあります。言葉による表現能力は、その「想い」に対する客観

視の意識です。

4. 前置詞ユニットで、イメージを切り取る

　語順のルールが働かない部分、つまり SVO の後ろの［〜〜〜〜］の部分を即興でつくってゆく方法を知りましょう。［〜〜〜〜］の部分は、徹底的に前置詞ユニットで構成してゆくのです。

　このシリーズの第3巻『英語は、前置詞で話すもの』を読んでいることが前提になります。読んでいない人は、必ず読んでください。そして、前置詞ユニットを自由に使える力を育てておいてください。語学の修得はスポーツと似ています。基礎訓練ができていないと、高度な技術は使えません。

> **拡大モードとは、**
>
> ① SVO ＋ ［〜〜〜〜］ のなかの SVO をまず言い切ること
>
> ② そのあとで ［〜〜〜〜］ を「前置詞ユニット」で表現してゆくこと

　これが拡大モードの本質です。前置詞ユニットの意味を理解していないと拡大モードは使いこなせません。ですから、本シリーズ第3巻の理解は絶対必要条件です。**英語は、前置詞でしゃべるもの。つまりは、「前置詞ユニット」でしゃべる行為が英語を話すことなのです。**

前置詞 名詞 ➡ これが「前置詞ユニット」

a) 前置詞は、名詞を躍動させる力
　 前置詞は、格を失った英語の名詞に格を附与します
b) 前置詞はイメージで使う
c) 前置詞が、英語を英語らしい英語にする
d) 前置詞ユニットの並べ方、つまり並べる順番はどうでもいい
　 この知識が、英語を話すストレスをゼロにする

　a）の前置詞と名詞の格の関係に関しては、第2巻『ひっくり返せば、英語は話せる』と、第3巻『英語は、前置詞で話すもの』を読んでください。詳しく説明してあります。

　b）のどうやって前置詞をイメージで使うかに関しても、第3巻で詳しく説明してあります。

　c）に関しては、あまり意識されていないようです。実は、英語の最大の特徴は前置詞が発達している点にあります。英語は、とりわけ前置詞の発達した印欧語なのです。ですから、英語らしい英語は前置詞をうまく使うことで生まれます。前置詞はイメージで使う語ですから、その語には人間の心理や情緒まで反映され、英語がぬくもりのある言語に変わります。ですから、自分の気持ちを的確に表現するには、前置詞を使うスキルに長けていなければなりません。

　しかも、前置詞を使うと、英語のロジックも明瞭に浮かび上がります。ですから、前置詞を使えば使うほど、英語に英語らしい論理性が出てきます。前置詞は西洋人の論理的思考を実現させながら、そこに心理やニュアンスまで盛り込む特異な言語ファクターです。英語を上手に使う人ほど見事に前置詞を使いこなします。粋な英語はみな前置詞が光っています。

　前置詞は単独で使われる語ではなく、名詞の前に置いて使われる語ですから、前置詞は［前置詞＋名詞］という表現のカタマリで運用します。これを「前置詞ユニット」と呼びますが、イメージの中から情報を切り取る場合、表現しようとする内容を「前置詞ユニット」として切り取ります。

> **イメージから、SVO 以外の部分を切り取るには**
> **切り取る部分を、「前置詞ユニット」として切り取る**

「前置詞ユニット」は独立した文法単位ですから、置かれる順番に左右されません。どこに置いてもおなじ意味を発現します。サンスクリット語やラテン語の名詞が文中のどこに置かれても、各名詞がもっている「格」の力によって意味が確定しているのとおなじです。それが名詞の「格」の力ですし、英語の場合は前置詞がその機能を名詞に与えています。ボクは英語の前置詞の働きの範囲を広げて、**「英語には60格ある」**という主張を行い、それを支える日本語サイドの理論として**「準格助詞」**という文法概念を導入しました。詳しくは第3巻に書いておきました。

　ですから、思いついた順番で「前置詞ユニット」を口から発してください。自分が伝えたい順番でかまいません。イメージ全体を一度に、一括して言葉に変えようとしてはダメです。ネイティブはそういう話し方をしません。決まった優先順位はないのです。一切、話し手の自由であり、聞き手は話された順番を優先順位として受け止めます。そこに話す言葉の自然さと、メッセージの強調が表現されます。日本人が思いつくまま日本語を話すように、英語ネイティブも思いつくまま英語を話す秘密がここにあります。

　他に補足点があるとすれば、それは感情です。感情をこめて話すことは英語の重要な条件です。感情たっぷりに、身振り手振りを使って、表情豊かに話してください。この英語の話し方は、前置詞ユニットで構成される英文の必然の

結果です。前置詞ユニット自体が英語らしさを帯びているので、それを殺してしまうような話し方、つまり無表情に英語を話したら英語が分かっていないことになります。注意しましょう。意識や心理の切り換え、つまり**心理モードの切り換えが、「話す英語」の前提条件**です。どれだけ感情を言葉にこめられるかは、実際に声に出して英語を話す練習をしなければ身につきません。声に出さない言葉の練習など存在しません。

「前置詞ユニット」を使って話すには、こういう理解も求められます。日本語を話すときと、英語を話すときでは、自分のキャラクターをガラッと切り換える必要があります。補足的なことですが。

5. まとめ − 全体構造

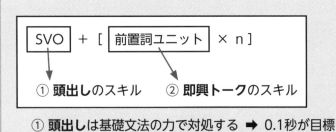

次の **Step 2** で、上記の具体的な説明を行います。この戦術が頭の中に用意されていることで、すでにネイティブの英語は実現しています。これで、「話しながら考え」、「話しながら訳す」、即興トークの英語が実現します。

Point
Step 2.
拡大モードを受肉化する

作業手順 ①

　ここでは、例文を使って拡大モードを説明します。一気に現実を理解するでしょう。

　楽しい例文を用意しました。たとえば、以下のような内容を、会話の中で、即興で話したいとします。まず下の枠の中を読んでください。

> **昨夜、僕は、とても可愛いモニカと、お台場の海浜公園にある、店の中がとてもやわらかい音楽で包まれた、郷愁あふれる小さなレストランで、彼女のお祝いをするために、すばらしい夕食を、ともに楽しみました。**

　笑わないでやってみましょう。いえ、笑ってもいいです。

　意識すべきこと：これは自分の体験だとします。まず、話の中の「彼」になりきってください。女性も、「彼」になりきってください。さてさて、情報量は確かに多いですね。これだけの内容を頭の中で事前に訳しますか？　そんなことできると思いますか？　それはナンセンスです。間違いなく、頭の中で訳した英文は話す前に消えてゆきます。ではどうするのでしょう？

作業手順 ②

　考えてみてください！　これは、実際の自分の体験です。言葉で記憶しておく必要なんかどこにもありません。つねに**イメージとして自分の頭のなかにあり**、いつでも復元可能な記憶としてあるはずです。ですから、その記憶を以下のような**連想に組み換えます**。

> 昨夜なんだけどォ～
> ぼく、わくわくするディナー、楽しんだんダァ～
>
> それがサァ、モニカとなんだ～
> お人形さんみたいに可愛い子さ
> 場所は、郷愁あふれる小さなお店でねェ～
> その店は、やわらか～い音楽につつまれててサア～
> お台場の海浜公園だよ、そこ
> 記念のお祝いだったのサ、彼女のためのネ～

　こんな感じで、昨日の記憶を呼び戻すのです。レストランのなかの様子や、テーブルや椅子の様子、窓辺の様子、モニカさんの着ていた洋服、笑顔の様子などが活き活きと蘇ってくるはずです。過去を語る場合には、こういうイメージがだまっていても蘇ってくるはずです。

　2行目の「**ぼく、わくわくするディナー、楽しんだんダァ～**」 ➡ これが、**「頭出し／SVO」にあたる部分**です。そこから後ろは、このようなくだけた日本語で連想ゲームのように紡いでゆきます。くだけた日本語で復元するのがミソです。そうしたら、そのときの感情まで戻ってきます。こうして、一つの状況を1枚の「絵」としてつくり上げます。

作業手順 ③

> 次に、まずそのイメージの中から SVO だけを探します
> そこが伝えるべきメッセージの核心です
> 所詮、I enjoyed dinner ですよね
> 確認ができたら、その SVO を躊躇せずに、言葉にしてしまいます
> この段階で、全部を訳そうとしては絶対にいけません！ すると…

Last night,
I enjoyed fabulous dinner

なんて英語が、0.1秒で、アウトプットされてきます。仮に15秒かかっても かまいません。

Fabulous なんて単語が出てこなくても、まったく気にしないでください。 これは、格好つけただけですから。Gorgeous dinner で十分です。この SVO が出たら、ここでまずひと安心。SVO を言い切ったら、話すべきことの 50パーセントは完了したと思って構いません。

冒頭の *Last night,* に関してですが「いつ」「どこで」を先に言ってしまう のも、話し方の負荷を下げる手法の一つです。ここでは、とりあえず、「昨夜 なんだけどォ〜」と、時間的なシチュエーションだけを先に出してしまいまし た。

I enjoyed 〜 の部分は、I took 〜 でも、I had 〜 全然かまいません。時 間をかけず、決然と SVO を言い切ってしまうことがなにより大切です。

作業手順 ④

　さあ、2段目です。ここからは、「前置詞ユニット」で勝負します。しかし、楽勝に決まっています。焦る必要はどこにもありません。

Last night,
I enjoyed fabulous dinner ➡ SVO/ 頭出し

with Monica
like a lovely doll
in a nostalgic bistro
filled with mellow touch music
at Odaiba-Kaihin Park
for her anniversary.

すべて「前置詞ユニット」
で処理されている

作業手順 ⑤

> ◉ 大切なのは、SVO の後ろからは、順不同という大原則です
> ◉ SVO の後ろのフレーズの順序は決まっていません
> ◉ つまり前置詞ユニットを並べる順序は、どうでもいいのです

[*Last night, I enjoyed fabulous dinner*]
with a lovely girl, Monica, in a nostalgic bistro 〜 でも

[*Last night, I enjoyed fabulous dinner*]
in a nostalgic bistro with Monica like a lovely doll 〜 でも

[*Last night, I enjoyed fabulous dinner*]
for Monica's anniversary in a nostalgic bistro 〜 でもかまいません

　どんな順番でもいいのです。ここが**拡大モードの核心**。ここが**即興トークの
キモ**です。

作業手順 ⑥

言葉を変えて説明します。

- ● SVO の後ろは、思いついた順番で話します

- ● イメージを、断片ごとに「前置詞ユニット」に変換します
- ● 一つの断片を変換したら、まずそれを声に出してしまいます
- ● それから次の断片を「前置詞ユニット」に変換します
- ● そしてそれを、声に出します

- ● [記憶＝イメージ] のなかから、いつ、どこで、誰と、なんのために〜、これらの情報を、イメージから切り取りながら、言葉に変えてゆきます

- ● Step by step, one by one の手順を崩さないようにします
- ● こうすると、思考の速度と話す速度がシンクロナイズします

- ● つまり母語とおなじ話し方が、英語でもできるようになります

　非英語圏でも、英語の上手な人たちはみなこのやり方で英語を話しています。つまりその秘密は、前置詞ユニットの意識化です。「イメージ＝情報源」を、前置詞ユニットの範囲で切り取って、急がず、慌てず、ポツリ、ポツリと、アウトプットしてゆくのです。

作業手順 ⑦

最後に、もう一点、大切なスキルを伝授します。

> ● それは、話し続けるのが困難になったら
> ● どこででもブツンと文を切ってください。どこで切ってもかまいません
> ● 頭のなかの言い残した部分は、聞いている人には見えません
> ● ですから、どこで文を止めても自然です
> ● 言い残したことは、別の文で言い足したり、補足してゆくだけのことです

　英語を即興で話すことは、これほど単純なことです。どこにもストレスのかかるところがありません。しいて言えば、**集中力を要するのは「頭出し」だけです**。

「話す英語」のパフォーマンスは、「前置詞ユニット」で話す部分、つまり拡大モードを使う部分で光ります。ですからそこは大胆に、饒舌に、身振り手振りを使って、顔の表情や声の出し方にも心をこめて全身的なボディーランゲージを使って話してください。「これでもか！」というふうにして、攻める感じで話すことが大切です。「話すのが怖い！」みたいに、**後ろ向きの気持ちで話すのはナンセンスです**。話し手にとって強く伝えたい内容ほど、先に話すことになります。

[*Last night, I enjoyed fabulous dinner*] with Monica, in a nostalgic bistro ～
　➡ レストランより、食事の相手がモニカだったことが重要

[*Last night, I enjoyed fabulous dinner*] in a nostalgic bistro　with Monica ～
　➡ モニカより、郷愁あふれるレストランのほうが重要だった

作業手順 ⑧

重要なポイントを、まとめます。

- ◉ [I enjoyed dinner / SVO] はトンボの [頭／胴体／羽根] に あたる
- ◉ SVO の後ろはトンボのシッポにあたるオマケです
- ◉ シッポは、「前置詞＋名詞」で表現する
- ◉ そして、「前置詞ユニット」をたくさん加えて文を拡大する
- ◉ 「前置詞ユニット」の順番は、順不同。どうでもいい！
- ◉ 好きなところで文の拡大を止める
- ◉ これが、即興で、考えながら、延々と英語を話すコツです

- ◉ イメージから、「前置詞ユニット」で情報を切り取りとる
  ➡ 切り取って話し ➡ 切り取って話し ➡ これを延々とくり返す

- ◉ こうして話すと、考えている間の沈黙がうまれない
  頭で訳している間の沈黙がなくなり、恐怖の沈黙がなくなる

　多少生まれる沈黙も、ボディーランゲージやフィラーを使えば、沈黙にはなりません。それは話し方のパフォーマンスのなかで消えてゆきます。これが本当の英語の話し方です。つまり、ネイティブが普通に英語を話すときの自然な英語の話し方になります。世界中の人間がこれを知っています。

作業手順 ⑨

違う側面から、まとめてみます。

> **コツ１：ユニットごとに考え、言葉にする**
> **コツ２：一つのユニットが終わるまで、次のユニットを考えない**
> **コツ３：一つのユニットが言い終えてから、次のユニットを考える**
> **コツ４：ユニットの順番は、自分が大切だと思う順番でよい**
> **コツ５：一つの文ですべてを話そうとしない**
> **コツ６：言い残したことは次の文で話す**

こういう話し方を、**自転車操業の話し方**と名づけました。

　上手になった人はみなこうして英語を話しています。こうして話すと話すことにストレスが生まれませんし、思考が「自転車操業」になっても恐怖が生まれないのです。できるようになれば分かります。

「前置詞ユニット」を即興で使うスキルがすべてです。

❖実際は、これに to 不定詞や副詞（句）が文に投入されますから、それでどんなことでも表現できるようになります。To 不定詞に関しては第５巻の叙述モードの使い方で説明します。

作業手順 ⑩

くどい自分が少々嫌になってきました。でも、しつこいようですが、煎じ詰(せん)めてもう一回だけコツをまとめます。初志貫徹！

1．話そうとすることから［S＋V＋O］を抽出 ➡ まずそれを言葉にしてしまう
これが真の優先順位。 これが言葉になったら、英文の50パーセントは完了です
英語の論理も確立しています。切れ味のいい英語がそこにあります。

2．あとは、どうでもいい。つまり語順はどうでもいい
記憶しているイメージや映像から、大切だと思う情報項目を
「前置詞＋名詞」に変換しつつアウトプットする。少しずつ、アウトプットする
その順番と英語の論理は関係ない。**感情や印象の強弱で話す順番を決める**
そこに話し手の話術と、話し手からのメッセージ性が宿ります

この話法を海外で独力で体得するとしたら、英語の好きな人でも10〜15年はかかります。ふつうなら20年、30年とかかります。膨大な時間と、お金と、エネルギーが費やされます。

わたしたちの生きている時代の科学技術の進歩には驚嘆に近いものがあります。その分野の先人たちの人知れぬ努力や苦労や、あるいは犠牲の上にわたしたちの日常の利便性や快適さがあります。いわゆる「理系」の人々の工夫と努力には感謝の言葉しかありません。それに引きかえ、「文系」の人間の努力は十分だったでしょうか？　いつもそれを考えてきました。「文系」の領域だからと言って、創意工夫はなくてもいいということはないはずです。「科学技術」とはまったく違う「人間の言葉」の学び方なんだから、「科学技術」みたいな

進歩発展や革新なんてありえないと勝手に思い込んでこなかったでしょうか？それが怠惰につながり、日本人の国際的発言力やパフォーマンスを弱めてこなかったでしょうか？

INDIVIDUAL
ASCENDING
METHOD

拡大モード　秘中の秘

The Secret of Speaking

第2章

Point **拡大モードを
図示すると**

それは、トンボのスガタを思い浮かべると分かりやすいです。

　トンボのしっぽの部分を自由自在に、即興でつくって話す話し方、それが拡大モードです。

　英語力のデモンストレーション、つまり話す技量のアピールは、しっぽの部分で決まります。

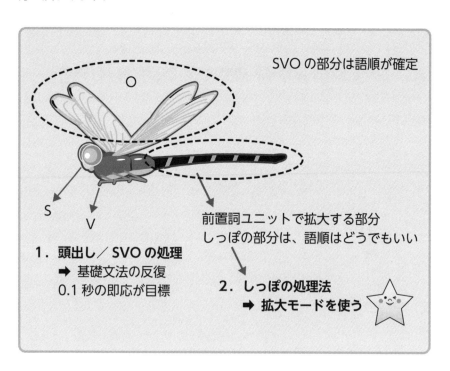

SVO の部分は語順が確定

O

S

V

前置詞ユニットで拡大する部分
しっぽの部分は、語順はどうでもいい

1．**頭出し／ SVO の処理**
　➡ 基礎文法の反復
　0.1 秒の即応が目標

2．**しっぽの処理法**
　➡ 拡大モードを使う

会話の秘訣 ── 秘中の秘！

以下の項目を、絶えず、意識化しておく
これは、話すときに、**必ず触れるべき項目**です
これらを SVO の後ろに、**前置詞ユニット**で
思いつく順番に触れてゆく ➡ 話してゆく

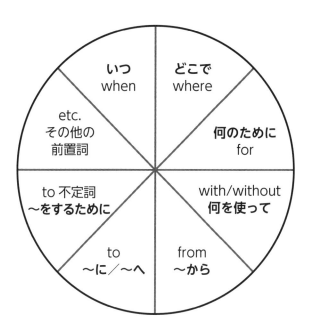

頭の中に、つねに、この下書きを隠しもつこと
これらの項目に触れてゆくと、自然に文になる
自然な口調で、感情をのせて、話すこと！

　☞ **要は、話すべき項目の概念化！**

　会話の中で普通に何かを話し、何かに触れる場合、人間はほとんど決まりきった項目を伝えたり、話したりしているものです。聞くほうも、ほとんど同じことを知りたいと思っています。ですから、話し手はそれらの項目を事前に概念化し意識化しておくだけで、話術のプロのような話し方が生まれます。

　それらに触れる流れは順不同でかまいません。その話に合った流れで話してゆくだけで能弁な話し方になります。それはほとんどの場合、頻繁に使う第1水準の前置詞を使うことで済んでしまいます。**英会話のコツは、最優先の前置詞10個程度を使いこなすこと**とも言えます。それでプロ級の話術を実現できます。それほど第1水準の前置詞は重要です。前置詞の分類に関しては60ページを見てください。

　常に概念化しておく項目、話題のカテゴリーは以下です。簡単な例を示します。

---

① **いつ？　どこで？　➡　日時＆場所・位置**
On Sunday, in future, after one hour など「時」に触れる
In the park, at the corner, on the table など「場所」に触れる

② **何のために？　➡　目的**
For the party, for cooking など、目的が名詞なら for を使う

③ **何をするために？　➡　動作の目的**
To open the party, to cook dinner など、目的が動作なら to 不定詞を使う

④ **何を使って？　➡　手段**
By a taxi, through a Smartphone, with cold water など手段に触れる

---

⑤ いつから／どこから？　誰から？　➡　起点
From Fukuoka, *from* Maria, *from* the bottom など起点や原点に
触れる

⑥ どこへ？　何に対して？　➡　到達点・対象
To the Office, *to* the manager, *for* many people など

⑦ なぜ？　どうして？　➡　理由・原因
For the Corona virus, *because of* earthquake など

⑧ 誰に対して？　何に対して？　➡　間接目的語や目的の対象
To him, *for* her, *to* the machine, *against* the wind など

　これらにゆっくり触れてゆくだけで、非常に英語を話し慣れた話者を演じられます。聞いているほうには話者の頭のなかの戦術は見えませんから、「**すごい！　ペラペラだ！**」と嘆息するしかなくなります。しかし実際は、とても簡単な戦術でそれを演出できるのです。「話す英語」は決して難しくありません。これは、ここだけの話、ここだけの秘密ですからね！

いろいろな前置詞を、ガンガン使おう！

　「秘中の秘」を説明した円（57ページ）のなかに、「etc.」の部分がありましたよね。あの中には最優先の第１水準の９個を除いた、約50個の前置詞が入っています。それは第３巻で説明しましたが、「拡大モード」のすごさを理解してもらうためにも、ここでもう一度それを紹介します。前置詞の全貌が見えていれば自分が話す範囲の予測に役立つはずです。そして、「前置詞ユニット」を使うことで、英語で話せないことなどなくなるとはっきりと理解できるようになるでしょう。

第1水準：最重要

| with / without | for / to / from | in /on / at / of |

第2水準：つねにスタンバイしておく

| after / before | about / around / among |

| under / above / between / by / behind / as |

第3水準：ここまで、使えるようになりたい

| against / along / below / beside / beyond　/ within
during / near / off / over / since / through / until
like / except / toward / inside / outside / including /into |

　第3巻には、第4水準まで紹介してありますから、興味のある方はそれを確認してください。前置詞は、少しずつ自分の感覚に取り込んでゆくのが一番いい方法ですから焦らないようにしてください。使用頻度が高く、日常でも頻繁に使うものを先に使えるようにしてください。そうすれば、自然に表現の巾(はば)が広がってゆきます。ですからここでは第4水準を省略しました。

Point 拡大モード 楽しいサンプル

まずは、典型的なサンプル 1.

　できるだけ、楽しい文を用意しました。以下のすべての例文は、**可能なかぎり「前置詞ユニット」を使って話すという目的でつくられています**から、他の英語の参考書にあるようなこなれた感じの例文とはちょっと雰囲気が違うことを知っておいてください。ただし、話すときはこういう感覚で英語を話しますので、その感覚をつかんでください。以下の英語こそ「話す英語」なのです。「書かれた英語」は時間をかけてつくられ、そして何度も推敲（すいこう）された上で印刷されたものです。そういう英文をネイティブでさえ即興で口ばしることは絶対にありません。そこを錯覚しないでください。「話す英語」は、「書かれた英語」とは雰囲気が違うのです。SVO の頭出し部分は角括弧（[ ]）で括っておくようにします。

[*I want Umami Burger*]
from California / **for** today's lunch.
We can buy it **at** the Aoyama branch!

今日のランチは、カリフォルニアからやってきたウマミ・バーガーがいいな。青山支店で買えるぜ！

　他愛のない例文からスタートです。昼飯になに食おうかって話です。UMAMI GURGER はカリフォルニアからやって来たんだ。ネーミングの元はもちろん日本語の「旨味」だけど、元々はアメリカ人がカリフォルニアで始めていたバーガーレストラン。ウマミバーガーはナイフとフォークで食べるんだぜ。

[*I need one month*]
of company leave / **for** travelling / **around** the West Coast /
in California.

カリフォルニアの、西海岸あたりを、旅行するには、有給休暇が、
1 カ月必要なんだ。

　会社の有給休暇は company leaveって言うんだ。憶えてね。たったこれだ
けの内容だけど、四つの前置詞ユニットが使われているよ。それを構成してい
るのが、of と for と around と in の四つの前置詞。この例文では、前置詞ユ
ニットの順番はあまり崩せない。そういう場合もある。

[*I will try to realize my long-cherished dream*]
in San Francisco / **by** walking / **on** the long way /
of the Golden Gate Bridge /**across** San Francisco Bay /
after the Covid!

コロナが終わったら、サンフランシスコ湾の上に架かっている、ゴ
ールデンゲート・ブリッジ上の長い道を、徒歩で歩いて、長いあい
だ想っていたサンフランシスコでの夢を、実現しようと思うんだ。

　どうです？　ずいぶん複雑な内容になったでしょう？　使われている前置詞
を見てみて。あたりまえの前置詞ばかりだよ。こんな風に、前置詞ユニットを
使えばほとんど、どんな表現でも生みだせます。まあ、そのデモンストレーシ
ョンは第3巻『英語は、前置詞で話すもの』で十分証明したけどね。

　決して忘れて欲しくないのは、これは「話す英語」の例文だということです。
実際に話す英語はこういう英語なんです。ネイティブの文筆家が書いた「書か
れた英語」と比較してはいけません。「話す英語」と「書かれた英語」ではタ

ッチが違うんです。これは常識なの。

　声に出して読んでごらん。いいリズムになっているはずだよ。感情のこめ方と声の出し方次第で、この文はいろんなニュアンスに変わります。だって、強調して読む部分に話し手の気持ちが投影されるんだから、当たり前だよね。話す言葉なんだから。とりあえず、「前置詞ユニット」ごとに斜線を入れておいた。

　最近のアメリカは国内が荒れていて、国の崩壊が激しい。とりわけカリフォルニアなんかの西海岸はひどい。もう夢の国ではなくなってきている現実がある、ということはボクはちゃんと知ってます。でもまあ、ここは英語の勉強だから、そういうことは無視してほしい。あくまでも「話す英語」の「サンプル」なんだからさ。よろしく！

典型的なサンプル 2.

さあ、こんどはどこでしょう？　誰もが好きなハワイです。会話形式にして
みました。

> *Why do you want to visit Hawaii so many times?*
> なんで、そんなにしょっちゅう、ハワイに出かけるの？

しょっちゅうハワイへ出かけていたオフィスレディーがいたとします。彼女
はコロナの前からそうでした。コロナの収束した最近は、またそのハワイ旅行
が復活した様子です。それで、彼女の友人が上記のような質問をしたわけです。

➡ [*Ah~, I love staying*] **at** a famous hotel, the Pink Palace, /
with an old Spanish Style / **at** Waikiki Beach.
あ〜、ワイキキビーチにある、古いスペイン風の、ピンクパ
レスっていう、有名なホテルに泊まるの、わたし好きなのよ。

彼女には、ピンクパレスという定宿があるようです。どんなホテルなんでし
ょう。

> *What will you do there?*
> そこで、なにするわけ？

当然の質問ですよね。

➡ [*I will join the open-air Yoga class*] **at** the hotel garden / **surrounded by** coconut trees / **from** 8 o'clock / **in** the morning.

朝、8時からね、ヤシの木に囲まれた、そのホテルの庭でね、オープンエア・ヨーガクラスに参加するのよ。

ヘェ〜、ヨーガクラスに参加するんですって。わざわざハワイまで行って。でも彼女、前置詞ユニットの使い方、上手ですよ〜！　単純な使い方の中に、surrounded by 〜 なんて「お洒落な逆転修飾」もちゃんと入っている。これはすごい！　彼女、英語もずいぶん勉強したな！

➡ [The Sunset Yoga / **on** the beach / **with** Diamondhead backdrop] *makes me, oh my Goodness---, a really sacred being!*

ダイヤモンドヘッドを背景にしてさぁ、海辺の砂の上でやるやつ、サンセット・ヨガなんかはもう、なんて〜の、わたしをね、ほんとにもう、聖なる存在にしてくれるわけ！

うまいなァ〜、彼女の英語！　これが即興英語だよ。主部に拡大モードをちゃんと投入している！　即興で話すと、当然、こういう英語になるものさ。しかも、文全体に emotion や feeling が完全に投影されていて、とっても自然。品のいい女の子は絶対に、Oh my God! なんていわないんだ。必ず、Oh my Goodness!って丁寧な言い方をする。それから、彼女、自分を sacred being なんて言ってるけど、「いいじゃん！」。ちょっとばかりヨーガの瞑想やったって、そうそうそこまでは感じられないものさ。文句つける気しない！

> ***Okay, you can do anything you want!***
> まあ、なんでも、好きにやれば！

質問した友人も、こう言うしかないだろうね。

　拡大モードを使えば、つまり「前置詞ユニット」を使えば、こんなにナチュラルな会話だって実現するんですよ！　どれだけしゃべるかは、あなた次第ですからね！　例文中の、the hotel garden を後ろから飾っている **surrounded by** coconut trees なんて「後置修飾」の技法はすぐ次の章でたっぷり説明します。楽しみにしていてください。最後の例文は SVO の「頭出し」の部分が、拡大モードで拡張されていることを指摘しておきましたが、拡大モードはどの部分に対しても使えます。主語のなかであれ、補語のなかであれ、目的語の中であれ！　そういう即興力を、是非身につけてください。

Point 変わった練習の仕方

　本当の実力をつける方法を紹介します。友人同士で、あるいは教室の先生と生徒が、二手に分かれて実行します。先生（役）が先導して、生徒（役）の話す話し方を伸ばす方法です。友達同士なら役回りを交代しながらやると両方の話す力を伸ばせます。もちろん読むだけでも構いませんが、実際に声を出して、つねに最初の文頭に戻りながら、少しずつ文をのばしてゆくようにして読んでゆくなら効果が出てきます。ぜひ、そうやってみて！「話す英語」の感覚が分かってくるよ。

> すべてを即興で行います
> 「頭出し」は、先生役が、いきなり英語で言ってしまいます
> 生徒役は、その「頭出し」に続く部分を、即興の英語でつくっていきます
> 先生役が、生徒役が英訳する部分を日本語で水を向けるのです
> 生徒役は、前置詞ユニットごとに、その呼び水にふさわしい内容を英訳します
> 先生役は、筋をどんどんリードします

例）*I went*／僕、行ったんだ

どこへ？	➡	**to** the Philippines
なんのために？	➡	**for** eating Halo-Halo
具体的にどこで？	➡	**at** the Peninsula Hotel
誰と？	➡	**with** my partner
いつ？	➡	**two** years ago.

以下のような、普通の英語ができあがります。

[*I went*] **to** the Philippines / **for** eating Halo-Halo /
at the Peninsula Hotel / **with** my partner / two years ago.

　2年前、パートナーと一緒に、ペニンシュラ・ホテルでハロハロを食べるために、フィリピンへ行ったんだ。

　最初は、このようなシチュエーションを作って練習すると、前置詞ユニットの使い方を楽々体得できます。日本中の学校でこのやり方を試してもらえたら嬉しいね！　ぜひやってみて。友人同士でもやれるんだから、楽しみながら力をつけられるよ。この例文中の for eating は普通は to eat とやるんだけど、ここは前置詞ユニットの勉強の箇所だから、あえてこうしておいた。これでもいいんだ！

Halo-Halo について：
ハロハロはフィリピンを代表する食べ物です。大きなゴブレットにかき氷が入っていて、その上に色とりどりのアイスクリームと、ナタデココや、赤や黄や緑の甘いビーンズ、それにプリンやフルーツものっているゴージャスな南国のパフェです。実はこのスイーツ、日本人がつくりました。戦前、アメリカの植民地だった時代のフィリピンへ移住した日本人が、現地のアイスクリームと日本のかき氷を融合させてつくった絶品ものです。当時のマニラの原宿みたいな場所に、日本人が経営するハロハロ・パーラーが多数軒を連ねていました。そこはどんな若者も憧れる fabulous なデートスポットになっていました。今日では、マニラ首都圏マカティ市にあるペニンシュラ・ホテルの豪華なロビーラウンジで食べられるハロハロが、ゴージャスなハロハロの最高峰です。機会があったらぜひ食べてみてください。

即興トークのコツ！

> **コツ 1.**
> ● 言おうとする日本語を直訳しない
> ● 基本的に、「日本語≠英語」と理解する
> ● 「英語のアウトプットは意訳だ！」と達観する
> ● 頭のなかの無駄な日本語はバッサリ斬り捨てる
> ● 意訳するための武器がイメージ化された前置詞です

直訳英語はダサイ！　意訳の感覚で話すといい英語になる！

> **コツ 2.**
> ● 前提条件や、付帯条件は後回し
> ● 英語は、最初に、グダグダ言わない！

最初に核心（SVO）を、ズバッと言ってしまう

> **コツ 3.**
> ● 思考の速度と、話す速度を一致させる
> ● 前置詞ユニットごとに考える
> ● 前置詞ユニットごとに、アウトプットする ➡ 急がない
> ● メッセージ全体を、一挙に話そうとしない
> ● 一括で訳さない ➡ 一括で話さない
> ● 断片ごとに訳し ➡ 断片ごとに話す ➡ それをくり返す
> ● これを「自転車操業の話し方」と呼ぶ

今→今→今という意識の連続で英語は話す

> **コツ４.**
> ◉ 表情やボディーランゲージでメッセージを補う
> ◉ 相手の目を見て話す
> ◉ 絶対に、相手から目を逸らしてはいけない
> ◉ 「ええと〜」などと、絶対に日本語を口走らない
> ◉ You know 〜 とやるだけで、ネイティブの英語になる
> ◉ 迷ったら「英語のフィラー」を使い、時間稼ぎをする

攻撃マインドと相手をなめてかかる感覚が大切です
英語を話すときの気分はポジティブでなければいけません

　ボクの経験が凝集されていますので、何度も読み返してください。

「冠詞は a かな、the かな」、なんて必要以上に考えて思考を止めないこと。
You know――、と口走る一瞬の間に決断してしまうこと。それ以上考えない。
間違ったってどうでもいいの、その程度のことは！　会話の言葉はすぐに消え
る！　だから単数、複数の違いなんかも、どうでもいい。そういう大胆不敵な
感覚を身につけた人が、話せる人になるのです。次第に上達し、安定した判断
ができるようになってゆきます。言ったでしょう？　言葉の修得はスポーツと
おなじだって。

　言い間違えたって、殺されることはない！
　聞いているほうも、間違いとは受け止めません！
　会話とは、そういうものなんです！

Point # いろいろな動詞で、やってみる

　動詞を、任意に、いくつかのグループに分けてみました。自動詞と他動詞を意識的に混ぜてあります。日本語の理解から、自動詞と他動詞を瞬時に見分けられるようになってください。

A 場所が固定されているイメージの動詞

live, stay, hold, stand, sit, sleep, happen, sing, open, begin, attend, join

I stayed／ぼく滞在したんだ

どこに？	➡ **at** a small hotel / **in** a local town	小さな宿に
何のために？	➡ **for** watching stars	星を見るために
夜空の？	➡ **yes, in** the night sky	そう、夜空の
どこから？	➡ **from** the rooftop / **of** the hotel	宿の屋上から
いつ？	➡ long time ago.	ずっと昔

I will attend／ぼく出席する

どこに？	➡ the Rotary meeting	ロータリークラブの会合に
いつ？	➡ **on** Saturday morning	土曜日の朝
何時から？	➡ **from** 7:00a.m.	朝７時から
何のために？	➡ **for** discussion	話し合いのために
何に関する？	➡ **about** community service	住民サービスについて

　フィリピンの島嶼部ビサヤ地方のマスバテ島へ行ったときのことです。田舎

の小さなホテルに泊まりました。屋上から見上げた夜空は満天の星でした。夜空を見上げた瞬間、まるで漆黒の夜空から無数の銀色の針が降ってくるようで、思わず首をすくめたのを覚えています。それほどの星空でした。見上げていたら首が痛くなったので、コンクリートの床に仰向けになって夜空の星を見つめていました。いくつもの星の物語が生まれたわけが実感できました。星を見ていたら、人間は必ず物語をつくりたくなるものだということが理解できました。星を見つめることを英語では Stargazing、星を見つめる人を Stargazer といいます。いい言葉だねェ〜！

B 往来、進行、変化、流れをイメージさせる動詞

go, come, leave, start, arrive, depart, walk, run, visit, fly, flow, end, finish, enter, get in, get into, get out, move, reach, travel

I am going／ぼく行くんだ

どこへ？	➡ **to** Venus	金星へ
どうやって？	➡ **through** Ascension	アセンションで
誰と？	➡ **with** many soul mates	すべてのソウルメイトと
何のために？	➡ **for** our spiritual evolution	人類の精神的進化のために
いつ？	➡ **before** the coming pole shift.	地軸がひっくり返る前に

I got in／ぼく入ったんだ

どこへ？	➡ a haunted house	お化け屋敷に
いつ？	➡ last summer	去年の夏
誰と？	➡ alone	一人で
何のために？	➡ **for** testing my courage	肝試しのために
どうやって？	➡ **with** a flashlight	懐中電灯をもって
どのくらい？	➡ **around** five minutes.	5分くらい

　ボクは大学時代から、マダム・ブラバツキーの『秘奥の教義（The Secret Doctrine）』とか、インドの聖者スリー・オーロビンドの全集なんかを直接船便で取り寄せて読んでいました。それらは時代に先駆けすぎていると感じ、そこへ突入しすぎると社会との接点が希薄になると感じて、それらの世界を封印しました。今、時代が変化して約40〜50年遅れて時代の意識がやっとそこまで来たようです。それは歴然と出版界の現状に反映されています。懐かしい昔の世界ですが、今では時代の最先端のようです。

　マニラ湾沿いに Boom na Boom という名前のチンケな遊園地がありました。閑古鳥が鳴いているような遊園地でしたが、そこにお化け屋敷もありました。そのすぐ近くに Star City というもう少しましな遊園地もできました。マニラ市民はそっちに群がりました。マニラの郊外には、それらとは規模の違う Enchanted Kingdom という本格的な遊園地もありました。ボクはそこが好きでした。Enchant は、「うっとりする、魅了する、魔法にかける」という動詞で、これに -ed がつくと、「うっとりさせられる、魅了された、魔法にかけられた」という意味の形容詞になります。ボクはこの遊園地のネーミングが大好きで、この名前を聴くだけで、いつも、居ても立ってもいられなくなるような気がしたものです。フィリピン人の英語のセンスに脱帽でした。

C　生存に関わる基本動作

eat, drink, feel, taste, smell, touch, bite,
料理絡み　→　cook, wash, cut, bite, bake, mix, sauté,
steam, beat

I ate／ぼく食べた

何を？	➡ Indian curry	インドカレーを
どんなカレー？	➡ **on** a palm leaf	ヤシの葉の上の
いつ？	➡ every day	毎日
どうやって？	➡ **with** my right hand directly	右手で、直接

どこで？	→ **in** a Yoga ashram	インドのヨーガ道場で
どのへんの？	→ **near** the Ganges River.	ガンジス川の近くの
一体、いつの話？	→ Ah～, long time ago	ア～、ずっと昔
	when I was young.	まだ若いとき

I play／ぼく遊ぶ

誰と？	→ **with** puppies and kittens	仔犬や子猫と
どこで？	→ **on** a carpet or bed	絨 毯やベッドの上で
何を使って？	→ **with** some toys	いろんなオモチャで
何のために？	→ **for** their physical exercise	彼らの運動のため
いつ？	→ **before** their meals.	彼らの食事の前

　だいぶコツが、分かってきましたね？　難しいことを話そうとしないでください。日常的なことや、自分の過去の出来事なんかを誇張して楽しく話してみるのがいいでしょう。使っている前置詞は基本的なものばかりであることに気づいていますか？「いつ、どこで、何のために（目的）、何を使って（手段）、どうやって（方法）、誰と一緒に、～から /～まで」といった、基本情報を前置詞ユニットで伝えていくだけで、立派な英語になるのです。

　まずは、これらの基本的な情報項目を、前置詞ユニットを使って、即興で、自由自在に使いこなせるようにすることが一番大切です。冠詞の区別、単数・複数の区別、これらを恐れずに話してください。間違ってもいいのです。間違っても殺されませんから。それに、話した言葉は、すぐに消えますから。そういうことは、どうでもいいんです。これが分かるのに、15年かかります。

D 日常の基本動作

watch, see, look, read, listen, hear, speak, talk, say,
tell, call, meet, smile, grip, handle, separate, connect

I was watching／ぼく見ていたんだ

何を？	➡ people's faces	人々の顔を
どこで？	➡ **at** a food court	フードコートで
	on a basement	地下の
どこの？	➡ **in** a shopping center	ショッピングセンター
	in New York	ニューヨークの
何のために？	➡ **for** guessing their countries	国籍を当てるため
たとえば？	➡ Mexico, Russia, Turkey	メキシコ、ロシア、トルコ
どうやって？	➡ **from** their facial impressions	顔の印象で
仕事で？	➡ **for** killing time	時間つぶしのため
何でまた？	➡ **just for** fun.	おもしろいから

Did you hear?／聞いた？

なにを？	➡ An incredible news	信じられないニュースを
何について？	➡ **about** aliens	宇宙人について
どこにいる？	➡ *not only* **on** our earth	地球だけじゃなく
	but also **on** other planets	他の惑星にもいる連中
	around the earth!	地球のまわりのね
どこからの話？	➡ **From** the US Government!	アメリカ政府からの
	Can you believe that?	信じられる？

　上記の宇宙人（Aliens）の例文について解説します。ここでは新しい話法上のスキルがいくつか使われています。最初は、not only ～ but also --- という慣用句です。これは「～だけじゃなく、--- も」の意味で、会話でも非常によく使われるものですが、こういう汎用性の高い慣用句はどんどん使ってください。2番目は、話の流れの中で An incredible news ～から始まる表現が長い名詞句になっていて、この文には主語も動詞もないことです。これは Did you hear? と聞かれた質問に対する答えになっているからです。こういうやりとりの場合は、主語も動詞も入れないのが普通の話し方です。From ～ もただの名詞句、フラグメント（断片）です。

　ところで、ボクはフィリピン滞在中20年間エイリアンでした。フィリピン政府にエイリアンとして扱われていました。出入国管理法で使われる英語では、Ailen とは外国人のことだからです。ちゃんと写真付きの Alien Card（外国人登録証）を常時もち歩いていました。

E 物との関係をイメージさせる動詞

use, send, buy, sell, bring, carry, hit, keep, prepare, receive, spend, push, put, open, close, break, make, build, gain, lose, pull, move, repeat, apply, add, reduce, mix, arrange, discover, give, get, combine, accept, compare, deliver, check

One of my friends, James, sent／友達のジェームスがね、送ったんだ

何を？	➡ a birthday present	誕生日の贈り物を
どこから？	➡ **from** New York	NY から
誰に？	➡ **to** his girlfriend	彼の恋人に
どこにいる？	➡ **in** Paris	パリにいる
どうやって？	➡ **not by** air mail	航空便じゃなくて
じゃあ、どうやって？	➡ **but by** sea mail	船便で
なんでまた？	➡ **by** mistake.	うっかりミスで

Jenny couldn't remove／ジェニーは落とせなかった

何を？	➡ stains	シミを
どこの？	➡ **on** her dress	ドレスの上の
なぜできた？	➡ **by** spilled red wine	赤ワインがこぼれて
どこで？	➡ **in** a party	パーティーで
どこの？	➡ **held at** Hyatt Hotel	ハイアット・ホテルの
いつのこと？	➡ two weeks ago.	2週間前

　このカテゴリーの動詞は無限にあります。これ以外にも思いついたなら、どんどん試しに自分でやってみてください。最初の例のなかの、not ~ but ---「～ではなくて、---」も非常によく使われる慣用句です。Held at はよく使われる後置修飾表現です。

　ボクはマニラ湾沿いのマニラ・ホテルの雰囲気が好きでした。第二次世界大戦後日本へ乗り込んできたマッカーサーが子供だった頃、そこは、父親のフィリピン総督と一緒に暮らしていたホテルで、フィリピンの歴史そのものです。彼らは親子2代でフィリピンに君臨していました。戦後日本ではマッカーサーが農地改革や財閥解体をやったのに、フィリピンではそれをやらなかったのは、彼がフィリピンにたくさんの個人利権を有していたからです。歴史の真相なんてその程度のことで動くものなんです。これだって「陰謀」じゃないの？　まあ、ホテルは由緒あるいいホテルでしたけど。

　もう一つ、マニラ湾沿いにホリデーインホテルがありました。部屋のベッドがバカでかくて驚きました。それより、当時、そこには「プレイボーイ・クラブ」がまだあってバニーガールがいたので驚きました。アメリカではもうなくなっていたはずだったので。フィリピンへ行きたてのころはまだそんな時代でした。

 人との関係をイメージさせる動詞

show, invite, introduce, inform, suggest, recommend, announce, advise, promote, attack, choose, select, assign, evacuate, accuse, refuse, kick out, welcome, evaluate, agree, trust, report, tell, talk, say, ask, teach, claim, suggest

The President promoted／社長が昇進させたのさ

誰を？	➡ Maria	マリアを
何に？	➡ **to** a manager	マネージャーに
なぜ？	➡ **by** her performance	彼女の実績で
何の？	➡ **on** her sales competition	営業コンペの
誰と誰の？	➡ **among** many staff in her section	同じ部署の仲間との
何のコンペ？	➡ **for** a new product	新製品のための
いつのハナシ？	➡ launched six months ago.	半年前の発表会

We must estimate／推定しなくちゃ

何を？	➡ damages **on** cities and towns	街や村の被害を
どこの？	➡ **along** seashores	海辺沿いの
どの地域？	➡ **around** the Tokai area	東海地方の
何の話？	➡ **in case of** serious earthquakes	大地震の場合の話
なんで？	➡ **caused by** jumping of the plate tectonics.	プレートテクトニクスの跳ね上がりで

　英語はこのように、たくさんある情報を、前置詞ユニットで組み立てながら伝えてゆくものだということが、はっきりと分かってきたと思います。それにしても、おなじような前置詞を飽きもせず何度も何度も使うものだなと感じませんか？　そのとおりなのですが、そこが分かるようになるだけで、軽く10年や15年の英語修行になってしまうものなのです。つまり、それほど基本の10語前後の前置詞は重要なのですが、そのことに気づいている人は極めてわずかしかいません。それが分かった人は、堂々と、自信をもって基本的な前置詞を使う人になります。日本語の「で・に・を・の」などの格助詞が非常に広範囲な働きをもっていて、様々な意味を表していることを思い出せば、「納得！」と思えるはずです。格助詞と前置詞は文中で同じ働きを担っています。

　動詞がむずかしくなると、当然、話される内容も難しくなりますが、その処理はおなじです。恐れる必要はありません。自分の専門分野のテクニカルター

ムをつかって知識をひけらかしてください。

G ─ 心や意識のはたらきをイメージさせる動詞

imagine, believe, know, understand, think, confirm, consider, discuss, forget, remember, remind, hope, learn, attempt, compare

Nobody can imagine／誰も想像できないよ

何を？	➡ a new society	新しい社会を
どんな？	➡ **without** taxes	税金のない
誰にとって？	➡ **for** all people	すべての人とにとって
どこの？	➡ **in** the World	世界中の
いつから？	➡ **after** implementation	制度導入後から
何の？	➡ **of** NRSARA, GESARA, and JESARA.	ネサラ、ゲサラ、ジェサラの。

I believe／ぼく信じてるんだ

誰を？	➡ **in** God	神様を
何の？	➡ **of** the universe	宇宙の
どんな？	➡ **as** the One Creator	唯一の創造者たる
だから、どんな？	➡ embracing all people	全人類や
人間だけ？	➡ and living creatures	生物を包み込む
どこの？	➡ **on** the earth	この地球上の
どんなふうに？	➡ **without** any discrimination	一切の差別なく
どうやって？	➡ **by** the power of love.	愛の力で

　グループ化してある他の動詞を、同じようなやり方で、どんどん使ってみてください。

　これが、「拡大モード」の全容です。英語を話すことは易しいのだと分かってもらえたと思います。「話す英語」のどこにも、難しさなどなかったはずです。

　あとは、話す当人の、好きなこと、興味のあること、もっと知りたいことなどをどんどん話してゆくことです。話せば話すほど上手になります。話すシチュエーションを自分で工夫して探してみてください。今は英語を話すための環境は昔よりずっと豊かになっています。自分の根性一つです！

INDIVIDUAL
ASCENDING
METHOD

第3章

お洒落な
逆転修飾

第3章

Point　**後置修飾の全体像**

前から飾る？　後ろから飾る？

「お洒落な逆転修飾」とは**「お洒落な後置修飾」**のことです。つまり、名詞の後ろに修飾語を置いて、名詞を後ろから飾るパターンです。「なるほどネ」と、誰もが言うはずです。しかしちょっと待ってください。これはとんでもないことを言っているんですよ。

たとえば日本語では、「アップルパイに向いている → 青森りんご」などと言います。つまり、飾る言葉（波線部）が飾られる言葉の前にくるのが日本語です。しかし「後置修飾」とはこの順序が逆転することですから、思考の流れが逆走することになるんです。これは日本人にとって、言葉の発想法としては天動説と地動説ほども違うとんでもないことになるのです。気づきましたか？

ちなみに、日本語の流れで英語をつくってみましょう。

Suitable for apple pies → Aomori apples

こんな変な英語、見たことも聞いたこともないはずです。ありえない英語です。これは；

Aomori apples ← suitable for apple pies

としなければなりません。上記の正しい英語では、波線をつけた修飾語はAomori applesの後ろに置かれています。「後置修飾」とはこういうことです。

飾る言葉が後ろから前に向かって「逆走する」のが英語の表現法です。こうしないと英語話者の頭には言葉が入っていきません。これがよく分かっていた天才が日本にもいました。そう、ピコ太郎さんです。彼はおどけた仕草とフレーズで世界中にメッセージを送り、「これが英語だよね〜！」と、世界中を笑いの渦に巻き込みました。

Pen ← Pineapple Apple Pen
パイナップル・アップル・ペンという → ペン

このように、世界中の英語話者に通じるロジックで、ペンとアップルとパイナップルのありえないストーリーをピコ太郎さんは伝えたのでした。当時アメリカの大統領だったトランプさんの５歳の孫娘ちゃんは、これが面白くてたまらなくて、"Apple Pen! Pineapple Pen!" とベッドの上で飛び跳ね、叫びながら、狂喜乱舞していました。可愛いったらありませんでした。もう何才になったのかな？

あれはまさに、日本人としては、「後置修飾」への目覚めを象徴する出来事だったようです。詳しくは本シリーズ第２巻『ひっくり返せば、英語は話せる』を読んでください。

ボクは今「目覚め」と言いましたよね？　気づきました？

そう、日本人はまだ、この「後置修飾」という英語の原理がよく分かっていないようです。最近は、生の英語が日本にも流れ込むようになってきたために、やっとこの「後置修飾」という現実に気づき始めてきたようです。あわてて中学でもこれを教えるようになってきたのを、ボクは最近知りました。これは、とてもいいことです。ただ、ボクが学生だった頃は、日本の学校には「後置修飾」なんて文法概念はまったくありませんでした。つまり、昔の日本人にはこの「後置修飾」という原理は見えていなかったのです。ですから最近注目され始めたとはいえ、いまの中学でもこの「後置修飾」の概念は、教えるほうにと

っても、学ぶほうにとっても、「よく分からない！」という感覚が多分にあるのではないかと思っています。ボクは、そう想像しています。

しかし、これこそが、英語原理の本質で、とても重要なのです！

英語はみんな逆転している！

「逆転」の視点から英語を理解する方法を、IA メソッドは声高に提唱しています。それを「逆転モード（Reverse Mode）」と名づけています。

　英語と日本語は、とにかく、なんでもかでも、逆転しているのです。この逆転が見えないかぎり、日本人は絶対に英語の本質を理解することはできませんし、英語を上手に話すこともできません。日本人が英語を話すのが苦手で、英語をうまく話せないのは、英語が日本語から見て「逆転」しているからです。英文読解や英文解釈が高校生にとって難しいのも、英語の構造が日本語の構造とは逆転しているからです。しかも、なぜ逆転しているのかは、先生からも参考書からも教えてもらっていないからです。

　英語を話すことは、日本人にとっては、万里の長城（The Great Wall）を前にして呆然自失する西方の遊牧民のようなものではないでしょうか。なぜなら、遊牧民は何千頭もの牛や羊の群れを引き連れているからです。牛や羊にはあの石の壁は乗り越えられません。それは、言葉を発する前に頭の中で語順を「逆転」しなければならない日本人の困難とおなじです。しかもその「逆転」はメンタルな「逆転」ですから、目には見えず、二重、三重の意味で難しいのです。

　とはいえ、英語がどんなに難しくても、IA メソッドはその謎を解きましたから、あまり心配する必要はありません。本シリーズをきちんと読んでいただけるなら、きちんと謎解きができ、対処法も分かるようになっています。その対処法の一つが「拡大モード」です。

　その「拡大モード」を紹介するのが本書のテーマです。この「拡大モード」は、「即興で英語をペラペラ話し」、しかも「ネイティブのように話す」というのが触れ込みですから、今は、その触れ込みを納得してもらうための途上ということになります。

　問題は、どうしてそのような「拡大モード」を攻略する流れのなかに「後置修飾」が登場してくるのか、ということですよね？

　ここをきちんと了解してもらわないと、この章への共鳴は得られないでしょう。「拡大モード」と「後置修飾」の間に、一体、どういう関係があるのでしょう？　ここをまず踏まえておきましょう。

　人間の思考が複雑になればなるほど、人間が話す言葉も、人間が書く言葉も、どんどん複雑になってゆきます。それは人間が生きている社会が複雑になる結果であって、避けられない現実です。さて、そういう背景から人間が使う言葉が複雑になってゆくのですが、言葉が複雑になるとはどういうことでしょう？　それは端的に言えば、修飾語がどんどん長くなることです。長くなった分だけ伝達内容も複雑になるということです。修飾語は、飾られる言葉がどれほどまわりと多面的な関係をもち、それが錯綜した側面を帯びているかを示しているわけですから、伝えるメッセージが複雑になればなるほど、修飾語も長くなってゆくわけです。たとえば；

　年間生産量が43万9000ｔに及び、日本での生産比率も60パーセントを占めるが、最近は栽培面積の減少、リンゴ農家の高齢化、労働者不足等多くの難問に直面している　→　青森りんご

　このように、波線部の修飾語はどんどん長く複雑になるわけです。これほど長く複雑な修飾語を、英語で Aomori apples の前に置くことができますか？　そんなことをしたら、「英語は、前から飾らないんだぞ！」と、世界中から罵

声^{せい}が飛んでくるでしょう。

　英語では、長い修飾語を被修飾語の前に置くことは御法度^{ごはっと}なのです。

　許されるのは原則、tasty → Aomori apples という１語の形容詞。そして my → apples などの人称代名詞の所有格だけです。それ以上長い修飾語はみんな、「後ろへ廻れ！」という号令に従わざるを得ません。この号令に逆らうと軍法会議にかけられます。それは、生死をかけて１秒の判断でイノシシを追いかけ、そしてその肉を食べて生きてきた「肉食」の西洋人たちの血に流れている思考習慣なのです。ダラダラ長い修飾語を話していたら、その間にイノシシは逃げてしまいます。ですから、長い修飾語は名詞の前に置けません。ゴタゴタ続く修飾語は、英語の場合、すべて名詞の後ろに廻されることが決まっているのです。そうしなければ生存パターンに言語原理が一致できなかったのです。

　これは文法の問題ではありません。文法以前の、逃げる肉を捕まえて生きていた西洋人の生存原理から来ている問題で、むしろ文化や文明につながる問題です。英語を生徒に理解させるのに、無味乾燥な文法の構造だけで教えるのは間違いです。その文法がどういう背景や必然性から出てきたものなのかを教えてあげるのが英語教師本来の使命のはずです。それはまだ、十分になされてはいないと想像します。ぜひ第１巻『英語は肉、日本語は米』を読んでください。

　さあ、そろそろ、修飾語と被修飾語の関係、つまりは英語における「後置修飾」の位置づけを確認できます。修飾語にあたる部分には波線をつけておきました。

		例	意味	背景
前置修飾	1.	Tasty apples	おいしいリンゴ	独語の影響
後置修飾	2.	President elect	❖次期会長	仏語の影響
	3.	Popeye the sailorman	❖ポパイ・ザ・セイラーマン	
	4.	Apples **of** Aomori	青森のリンゴ	
	5.	Apples **able** to bite directly	ガブッとかぶりつけるリンゴ	
	6.	Apples **to be** used for jam	ジャムに使われるリンゴ	
	7.	Apples **dropped** on the ground	地面に落ちたリンゴ	
	8.	Apples **simmering** in a pan	鍋でグツグツいうリンゴ	
	9.	Apples, homes, where worms grow up	虫の育つ家、リンゴ	西洋言語の必然的結果
	10.	Apples that change into medicine in the stomach	胃の中で薬に変わるリンゴ	

　これが英語における修飾語と被修飾語の関係の全パターンです。「後置修飾」のウェイトが圧倒的に大きいことが分かります。つまり、英語とは後ろから飾る構造をもった言語なのです。最初に戻るなら、日本語とは真逆の構造をもった言語なのです。

　上記一覧のなかの１、つまり形容詞が名詞を前から飾る形式は、英語のなかではマイナーな用法です。これは英語の土台になった古いドイツ語の語順規則が最後まで残ったパターンで、形容詞が１語なら名詞の前に置いても使い勝手が悪くならないために残ったのです。これは英語のなかでは例外と言っていいほどに限定的な修飾パターンです。

　前ページの一覧の中の２＆３、これらは第２巻で詳しく説明しました。本書では触れません。

　さあ、一覧表のなかの**４、５、６、７、８**、ですが、ここが本章で触れることになるメインテーマです。**この領域の位置づけと理解**が、長いあいだ、**戦後の日本の英語教育では抜け落ち**ていました。ですから、ここを詳しく説明するのがこの章の目的です。

　最後の９＆10、これらは関係副詞と関係代名詞を使った「後置修飾」のパターンです。関係副詞と関係代名詞の使い方は、おもに「書く英語」で頻出するパターンですから、受験勉強を通して日本の若者にはよく理解されている領域です。しかし、この二つの文法領域も広範な「後置修飾」パターンの一部にすぎません。しかし、意外と多くの人の意識からは、この根本的な理解が抜け落ちているのではないでしょうか。関係副詞と関係代名詞の用法はそれだけで存在している特殊な表現法なのではなく、「後置修飾」というごく一般的な英語の表現パターンの一領域にすぎないのです。この自覚が抜け落ちるから、受験英語のなかでこの二つが特化して難しい領域に錯覚されてしまいます。それは間違いなのです。この二つの表現形式は、ごく当たり前の英語の形式です。この理解に関しては、第５巻で詳しく説明します。

死角に光を当てると〜！

　前ページ一覧表の４〜８を詳しく解説します。ここが日本の英語教育の死角の一つです。

　まず、英語は後ろから飾る言葉だ、後ろから前に向かって「逆走」するようにして修飾する言葉だ、ということを明確に意識化してください。日本語とおなじ修飾の流れをもつ Tasty → apples から、いきなり Apples ← **that** change into medicine in the stomach　という高度な逆走英語（関係代名詞を使った文）に飛んでしまうから、英語は「分からない」という印象になっ

てしまいます。そうではないのです。一覧表のなかの２〜８までの広い領域全体が逆走英語なのです。この根本理解が抜け落ちるから「分からない」という印象になってしまうのです。

　日本中のロータリークラブの会員が、**President elect**（次期会長）という役職名を**会長エレクト**という意味不明の訳語にして、２のレベルでさえ深い困惑のなかにいたこと、そして今もいることには、すでに第２巻で触れました。ですから、日本人の多くにとって Popeye ← the sailorman も Billy ← the kid も当然不可解な英語であるわけで、４〜８に至っては、「後置修飾という特殊な表現群らしいが、なんなんだ、一体、これらは？」という印象につながるわけです。

　この領域をもう少し丁寧に見てゆくために、表の例とは違うフレーズを出してもう少し詳しく説明してみます。

４．名詞 ⇦「前置詞＋名詞」
Frozen meat ⇦ **in a refrigerator**　　冷蔵庫のなかの冷凍肉

　これはもっとも頻繁に出現する「後置修飾」の表現法です。この表現法がなかったら英語表現をつくれないほど基本的なものです。この構造は、本シリーズ第３巻『英語は、前置詞で話すもの』のなかで１冊丸々をかけて説明した**「前置詞ユニット」**を使った表現法です。**「前置詞＋名詞」**という表現は、前置詞が名詞に「格」を附与する働きを示している最小の文法単位ですから、それゆえに「ユニット」という名前にしました。そしてこの「前置詞ユニット」がどれほど即興で話す英語で八面六臂の働きを示すかは、すでに本書においても、第２章の「拡大モード」のなかで証明されています。今学んだばかりの内容です！「前置詞ユニット」を使わずに英語を話すことなど、絶対に不可能です。

　この「前置詞ユニット」を使って、その直前にある名詞を修飾するパターンもまごうことなき「後置修飾」の一部であることを、絶対に忘れないでくださ

い。この位置づけがまだ不鮮明な人々がわが国にはたくさんいるはずなので、まずは、ここを理解することがなにより大切です。そしてこれに関しては、本書でも前巻でも、もう必要のないくらいに無数の例を出しましたので、ここではもう説明しません。

　したがって、以下が、本書のもう一つのハイライト、「お洒落な後置修飾」の中心部分になります。

四つの「お洒落な逆転修飾＝後置修飾」

5．名詞 ⇦「形容詞」

The software ⇦ **difficult** to install　　インストールしづらいソフトウェア

　名詞の直後にいきなり形容詞が来ている点に注目してください。形容詞は名詞の後ろに置けるのです。それは英語がフランス語の影響を受けたもっとも顕著な結果の一つです。形容詞を単独で名詞の後ろに置いてそれでおしまい、という表現すら OK です。President elect がその例でした。しかし、その例はあまり多くはなく、実際は**形容詞の後ろに to 不定詞を置いて、「〜するのに、どうだこうだ」という表現で使うことが圧倒的に多い**と言えます。ここで掲げた例は、「インストールするのに→難しい」という表現になっています。何らかの動作の目的を表すのに「〜するのに」＋「難しい／易しい／大きすぎる」等々、その状態や程度を形容詞で表現するわけです。この表現パターンは、人間の日常の生活を語る場合の避けられない表現パターンです。

　意識しておくべき大切な点は、**to 不定詞がはらむ動作は、まだなされていない動作、これからなされる動作**と覚えておきましょう。このパターンでよく使われる形容詞は；

> 名詞 + difficult to 〜
> 名詞 + easy to 〜
> 名詞 + possible to 〜
> 名詞 + impossible to 〜
> 名詞 + etc.　いろいろなパターンあり

　もちろんこれらの形容詞に限られるわけではありません。Too difficult to 〜などと、文脈次第で様々な表現を演出することができます。詳しくは、「名詞＋形容詞」の項目でいろいろな例を説明します。

6．名詞 ⇦ 「to 不定詞」

The software ⇦ **to draw** pictures with　絵を描くためのソフトウェア

　名詞の直後に「to 不定詞」があり、それが形容詞の働きをしています。これは、「形容詞不定詞」、あるいは「to 不定詞の形容詞用法」と呼ばれる性質を利用した表現法です。「to 不定詞」の使い方に関しては、第5巻のテーマ「叙述モード」のところで詳しく説明する予定ですが、とりあえずここでは、「to 不定詞」は形容詞の働きももっているのだということを知っておいてください。その中の後置修飾で使う to 不定詞だけを、ここでは説明します。英語では名詞の後ろに形容詞を置くことはなんら不思議な現象ではありませんから、「to 不定詞」を置いて形容詞の役目を発揮させたとしても、文法的にはなんの問題もないのです。

> ❖一つ注意があります。不定詞の形容詞用法に前置詞が伴っている場合、その前置詞は最後に残しておきます。下記のような例です；
>
> ● to live in a small room
> 　➡ A small room to live **in**
> ● to write a letter with a pen
> 　➡ A pen to write a letter **with**

7．名詞 ⇦ 過去分詞

The software ⇦ **developed** by an amateur　　素人に開発されたソフトウェア

　名詞の後ろに過去分詞が来ていて、やはり形容詞の働きをしています。「〜された」という**受け身**の表現をつくりたいときや、「〜し終わった」という**完了**のニュアンスがある場合に頻繁に使われる表現です。一番大切なポイントは、過去分詞は形容詞でもあるという事実です。「分詞」とは動詞から分かれて動詞の働きと、形容詞の働きを「**分**」かちもっている「**詞**（ことば）」という意味ですから、過去分詞が「受身」や「完了」の状態を表す形容詞として使われても不思議ではないのです。日本語にも形容動詞という品詞があって、「元気な」と連体形に活用させれば形容詞になり、「元気だろ」と未然形に活用させたり、「元気だっ・元気で・元気に」と連用形に活用させれば、まるで動詞のような働きを示します。言葉は人間の道具ですから、人間が普遍的な存在である以上、いろいろな言葉に共通性があっても不思議ではありません。

　中学で不規則動詞の活用を習ったときに「break・broke・broken」などと丸暗記して、過去分詞を動詞としてだけ意識してしまったために、過去分詞の形容詞としての側面に戸惑うことになってしまった人が多いのではないかと思います。注意してください。過去分詞は名詞の後ろに置いても、前に置いても、形容詞になります。

8．名詞 ⇦ 現在分詞

The software ⇦ **operating** in the system

　　　　　　　　　　　　　　システムで作動しているソフトウェア

The people ⇦ **eating** Ramen at the table

　　　　　　　　　　　　　　テーブルでラーメンを食べている人々

　分かりやすいように例を二つ掲げておきました。operating も eating も、後続する形容詞句の先頭に立って、名詞を後ろから修飾しています。意味の上

で共通しているのは、「〜している」という現在進行形の動作が表現されている点です。そもそも「分詞」には、過去分詞と現在分詞があって、現在分詞はなんらかの動作が現在進行中であることを表す品詞です。それが「分詞」ですから、当然、形容詞の機能ももっているわけです。現在分詞は動詞に -ing をつけて作ります。

多くの人がよく間違えるのは動名詞と現在分詞の混同です。形の上では両者はまったくおなじですから、ときどき分からなくなります。動名詞の一番簡単な使い方は、そのまま単独で名詞にしてしまう方法です。Eating is my hobby. これは動名詞です。間違えようがありません。問題は、動名詞を名詞の前に置いて形容詞として使うと、現在分詞の形容詞と役割が似てしまう点です。

- **Eating** Ramen is my hobby.
  - ➡ 「ラーメンを食べる<u>こと</u>」の意味で、eating は動名詞
- The people **eating** Ramen are my friends.
  - ➡ 「今食べ<u>ている→</u>人々」の意味で、eating は現在分詞

さあ、以上で「お洒落な逆転修飾」の四つのパターンを概略的に説明し終わりました。

> 5．名詞 ＋ 形容詞
> 6．名詞 ＋ to 不定詞
> 7．名詞 ＋ 過去分詞
> 8．名詞 ＋ 現在分詞

➡ **これが今話題の、気になる「後置修飾」です**
これが、実は、「お洒落な話法」なのです

後置修飾は、話す英語だ！

　以上の説明で、多くの人が疑問に感じているに違いないと想像されることが一つあります。それは、「これらの表現は関係代名詞が隠れているんじゃないのか？」という疑問です。この疑問は、的確な疑問です。その直感は正しいのです。その証拠を示します。

5．The software **(that is)** difficult to install
6．The software **(that is)** to draw pictures with
7．The software **(that was)** developed by an amateur
8．The software **(that is)** operating in the system
8．The people **(who are)** eating Ramen at the table

「後置修飾」の化けの皮がはがされたみたいですね。「な〜んだ、それだけのことか！」と、今腑に落ちたはずです。そうなんです。それだけのことなんです。本当は、全然、難しくないんです。関係代名詞は日本中の若者が中学や高校で学んでいる文法ですから、むしろ易しく感じたはずです。

　さて、問題はここからです。日本人にとって謎に満ちた「後置修飾」の４パターン、その価値を最高に褒めたたえて**「お洒落な逆転修飾」**と特別のネーミングまで与えた**これらの表現法は、一体なんのためにあるのでしょう？**　おそらく、ここがまだ日本では認識されていないはずなのです。

　関係代名詞を使った完璧な言い方は、日本中の中学生や高校生、とりわけ大学受験を目指して英語を勉強している高校生には当たり前すぎるほど当たり前の英語です。「だからなに？」と言いたくなるほどの普通の英語です。なのに、なぜこれらの「後置修飾」が、なにかことあたらしく、特別な英語表現法のように思われるのでしょう？

　それは、**関係代名詞を使った英語は「書く英語」「書かれた英語」だという**

ことなのです。英語の試験問題に採用される文章は、みな海外の学者やプロの書き手が「書いた英語」です。書く英語に関係代名詞を多用するのは、文章を書くことを仕事にしている人にとっては常識です。みな頭のいい人たちが書いた文章ですから、理屈っぽくて、論理的な文章なわけです。厳密を期した文章では関係代名詞が使われるのは当然です。大学入試の英語に出てくるのはみなそういう英語です。つまり、日本中の中高生が勉強している英語は、ほとんどがそういう「書かれた英語」なのです。

　ところが、関係代名詞を省略した**「お洒落な後置修飾」の英語は、口語的な英語、話し言葉の英語**なのです。ここが見えていないはずです。

　例を出しましょう。いつも集まって悪ふざけをする若者は、仲間うちで話すときはラフなしゃべり方をしているはずです。「マジで〜?」、「〜てか」、「ウザイ〜!」、みたいな話し方をしているはずです。そこへ、突然、空気を読めないガリ勉の学生がやってきて、「君たち──」なんて高飛車に切りだしたとします。そして、「君たちが、さっき話していたところの事案に関する内容は、どういう意味なのかを、教えてもらえないだろうか?」、てな口調で割り込んできたら、どうなります?　会話の場は一瞬でしらけませんか?　たとえば、そのガリ勉君が口にした日本語を英語にすると、次のような感じの英語になります。

Could you tell me the point **that** you were talking about the matter **that** was mentioned a while ago?

　悪ふざけしていた仲間たちの反応、想像できますか?　関係代名詞の that を多用した文は話し言葉では使わないのです。この程度の内容なら、下の言い方で十分です。

Hey〜, tell me the point **mentioned** just before!

　つまり、これが「後置修飾」の真相です。**「後置修飾」は話し言葉で使う表現**です。仮に書き言葉のなかで使われても、それは、意識的に関係代名詞の堅苦しさを消そうとする目的で使われます。すると文全体が軽く親しみのある英語になるのです。友人同士の E-mail のやりとりなら頻繁に使われるのがこの「後置修飾」の４パターンです。

　今、コミュニケーションの手段がいろいろ発達してきています。スマホを使った簡便なコミュニケーションが主流ですよね。ですから、今世界中を飛び交っている英語は、政府や役人や、学者や技術者がやりとりするような堅苦しいスタイルから、庶民や若者が自由にやりとりするくだけたスタイルに急速にシフトしてきています。そこで交わされている英語は、that や which を多用した堅い表現から、それを抜き去ったラフな「後置修飾」スタイルに一気に変わってきているのです。

　ボクのマニラ時代のロータリークラブの仲間には、大学教授や弁護士が何人もいましたが、会話のなかで、彼らが関係代名詞や接続詞の that を使って話したのを耳にしたことは、ほとんどありません。特に、which は会話ではまず使いません。しかし、その弁護士の一人が書いた契約書をたまたま読んだことがあるのですが、そこには that と which が数えきれないほどたくさんちりばめられていました。当たり前といえば当たり前ですが、「書く英語」と、「話す英語」は、このように違うのです。

　この視点、この理解が、今の日本の英語受容の現場では完全に抜け落ちているはずです。

　ですから、英語のトレンドは完全に、ボクが推奨する**「お洒落な逆転修飾」**、つまり**「お洒落な後置修飾」**に一気にシフトしてきています。ぜひ、これらの表現を**自由な話し言葉として**使えるようになってください。そうすれば、**「話すように書ける」**ようにもなります。それが生きた「英語らしい英語」なのです。

受験英語は、もう古いんですよ！

「拡大モード」は即興で英語を話すとき、その文を楽々と「拡大」する方法ですが、その**「拡大モード」のスキルは、この「お洒落な後置修飾」のなかにも頻繁に顔を出します。**

　以上が、**拡大モードのなかで「お洒落な逆転修飾＝後置修飾」を説明する理由です。**この表現スキルを知っていなければ、ちょっと高度で、しかもラフな話し方ができないのです。これを使わなければ、修飾表現自体が「話し言葉」ではなくなってしまう、と言ってもいいでしょう。ということで；

> 拡大モード ＝ 多様な前置詞ユニット ＋ お洒落な後置修飾

なのです。

第3章

Point

[シャネルの5番
⇦ 有名な ⇦ 世界で]

後ろから、名詞を形容詞で飾る

　ここまで説明してきたことは、アウトライン、つまり概略です。「お洒落な後置修飾」がどれほどお洒落かは、まだ説明していません。ここからは、それを説明するのが目的です。きっと、自分も使えるようになりたいと強く思うはずです。口から出る英語が、いきなりお洒落な英語に変わるんですから、使わないでなんかいられないはずです。ここまで来たら、魅惑的な英語をつくれる人に変貌できます。

　たくさん例を出しますから、その例のつくり方と、表現自体が発する言葉の雰囲気を感じ取れるようになってください。本書は「読み物」のつもりで書いていますから、「英語に関係ないこと、書くな！」なんて思わないでください。そう思わずに、解説を楽しみながら IA メソッドワールドで遊んでください。そこが、本書が普通の英語本と違うところなんですから。

【練習問題】

01. 箸で食べるには難しいインドカレー
Indian curry ← **difficult** to eat with chopsticks

　いきなり逆転モードが要求されますよ！　日本語のなかの最後の「インドカレー」が、英語では冒頭に飛び出します。そのインドカレーが、「難しい」んで

すから、Indian curry ← difficult になります。そして、なにが難しいのかというと、「食べるのが難しい」んですから、difficult ← to eat となるわけですよね。あとはおまけの「箸で」ですから、← with chopsticks で完了です。これが典型的な「後置修飾」であり、思考の流れが「逆転モード」であり、このスキルを使う目的が、表現を拡大する「拡大モード」そのものなのです。ここにすべてが結晶しています。

　おまけにこういう言い方は粋な表現ですから、この表現法を使わないことはありえません。もしこの程度の表現に Indian curry **that is** difficult to eat 〜 なんて口走ったら、「ダセェ〜！」「ウザイッ！」なんて言われて、悪ガキの仲間には入れてもらえません。絶対に周囲から孤立します。よくいるでしょう？　女の子にモテずに、教室で孤立しているガリ勉タイプ。そんな感じの英語になってしまいます。だから、そんな英語、絶対に口走っちゃダメなのです。これが生きた英語！　いえ、スタンダードな話し言葉です。

> **02. 今日中に終わらない仕事**
> The duty ← **difficult** to finish within today

　これも、まったくおなじ流れでつくっていきます。まず逆転モードで The duty とか The work と言い放ってしまいます。ただし、普通の会話で「仕事」を表現するときに Work はほとんど使いません。Work は肉体労働や身体的作業を連想させる単語ですから、あまり使わないのです。日本人は「仕事」というとすぐ Work を選んでしまいますが、使いません。普通のデスクワークがイメージされるんだったら Duty です。Job はその中間的イメージかな〜？　ということで、The duty が冒頭に来ます。そして、「終わらない仕事」という日本語を、「終えることが難しい仕事」という意味に理解し直します。すると、The duty ← difficult to finish と、黙っていてもなってしまいます。これを To be finished とやってもいいですが、リズムがちょっとモタ

モタしてしまう。

　英語をつくるとき、「今日中に終わらない仕事」という日本語を、そのまま訳そうとしてはいけません。日本語を直訳するとだいたい変な英語になります。日本語からいきなり英語をつくるのではなく、日本語の本質を一旦イメージに変換し、イメージとして日本語の真意をつかみます。そして、そのイメージに対応する英語の言い方を探すのです。それが思い浮かんだら、その英訳の放つ意味と元々の日本語が一致しているかどうかを確かめます。「同じだ！」と感じたら OK です。だいたい、英語に変わった表現のほうがズバリと日本語の真意を体現していることが多いです。この場合もそうでしょう？「終わらない」ということは、「終えるのが難しい」ということなんですから。ここは to complete でもいいですよ。

> 03. どこへでも行ける4WD 車
> A 4WD car ← **able** to go anywhere

　Able は形容詞ですからこれで OK です。日本語は「どこへでも行ける」ですから、頭のなかで「どこへでも行くのが可能な」、「どこへでも行くことを可能にする」という日本語に変換すると、able to go とか possible to go なんて英語が出てきます。それで OK です。ボクはフィリピンではパジェロに乗っていました。車輪がデカイので、穴ポコの多いマニラの道では絶対の安心感でした、なんて小話も交えながら解説していきます。本書は英語がテーマの「読み物」です。

> 04. 朝の眠気を覚ますのにいい冷たい一杯のジュース
> A glass of cold juice ← **good** for a sleepy morning

　ちょっと日本語がモタモタしていますが勘弁！　英語を先につくっているので、こうなるのです。「眠気を覚ますのにいい〜」が、「〜するのに、どうだこうだ」のパターンに合致していることをすぐに見抜いてください。ただ、「眠気を覚ます」という日本語自体を訳してもいいのですが、少々説明っぽくなるので、「眠たい朝のために→いい」という表現に変えました。翻訳作業は機転です。また good の後ろに来るはずの to 不定詞を、for で処理しています。これも技の一つです。

05.　ポケットマネーで買うには高すぎるアルマーニのスーツ
Armani suits ← **too expensive** to buy with pocket money

　日本語のなかに「高い・高価な」という形容詞が入っていることを一瞬で見抜いてください。それが「高すぎる」んですから、too expensive とすればOK です。「買うには」は、「〜を買うために」という、これからの目的を表している動作ですから、定石どおりに to 不定詞で動作目的を表現できます。暑い南国ではジャケットを着ることはほとんどありません。年中半袖のポロシャツで、四季ごとに服を着替えて楽しめる日本の生活がとても懐かしかったです。しょっちゅう服を変える生活って、とても贅沢なことなんですよ。日本人がセンスがいいのは当然なのです。平安期の宮中の女官たちが、雪の朝、寝殿の簀子（すの）の上に居並び、着物の袖の色彩を競うようにして、勾欄（こうらん）（廊下などの両側につけた欄干）から各自の袖を白い雪景色の世界に垂れ下げていた様は、想像するだに圧巻です。日本人の美的センスとその磨き方は半端なかった！　あの世界の感性はほとんど神域に近かったと思う。

06.　荒れた喉にやさしいハーブキャンディー
Herb candies ← **soothing** for irritated throats

　日本語のなかの形容詞、「やさしい」に合った英単語はなんでしょう？　日本語の非常に日常的な形容詞でさえ、ぴたっとくる形容詞が英語にないのはよく経験することです。「元気に暮らしています」の「元気に」、これもない。Healthily、vigorously、違うなあ、まあせいぜい lively くらいでしょうか？でも不満足。日本語の「やさしい」を副詞的に訳してもいいのですが、それでも、合致する単語がない。

　いろいろ考えて、ここは「やさしい」を、soothing にしました。「なだめる、和らげる、楽にする」の意味がある soothe からできた soothing です。この言葉、形容詞です。つまり、Herb candies ← soothing と冒頭を処理しました。なんのためにかというと、「荒れた喉のため」です。ここは動作を目的にして訳すと変です。「荒れた喉」という名詞自体が目的なんですから、to 不定詞ではなく、前置詞の for で処理できます。Irritated は日常生活で頻繁に使う過去分詞＝形容詞です。生理的、心理的な不快感の一切を表すとても便利な単語です。特に、身体や生理感覚の違和感を表現するときに決定的に多用されます。

> 07. 世界の有名品シャネルの５番
> Chanel No.5 ← **famous** in the World

　用意した英語は、写真と一緒なら、このまま高級雑誌のコピーにも使えるような粋な表現になっています。自信をもって、自画自賛！　この日本語から英語をつくる作業は、かなり高度な言語センスが必要です。これは日本語を先につくってしまいました。でも、できあがった英語はシンプルそのもの。しかも気品があって、大げさじゃなくて、誰もが「確かに！」と同意する説得力があります。それを感じ取ってもらえるかなァ〜。感じ取ってください！

08. 一度見たら忘れられない女

A woman ← **unforgettable** just after a glance

「忘れられない」は素直に、unforgettable という形容詞でいいと思います。勿忘草のことを英語では Forget-me-not と言います。お洒落な英語だよね！フィリピンの英雄で文豪ホセ・リサールは、『我に触れるな（Noli Me Tangere)』という小説をスペイン語で書き、スペインからのフィリピン独立の機運をつくりました。英語にすると Touch me not です。鳳仙花のことも、Touch-me-not と言うそうです。このような表現の歴史や背景はとてもおもしろいけど、書き出したらキリがないのでやめておきます。

「一度見たら」を仮定法で表現したら説明がくどくなる。それは「ダサイ」。だから、just after a glance としました。これ、ゾクッとくる表現だと思うんだけど、わかる？　A glance はチラッとみること、「一瞥」の意味。英語の響き自体からして、「グラッ」とくる。チラッとしか目にしなかったけど、一瞬で忘れられなくなる女性ってたまにいるよね！　「あぁ〜、運命に接点がないんだ」って、思うしかなくなる。そんな記憶を思い出させてくれる表現が、just after a glance。「後置修飾」の形容詞の後ろは必ず to 不定詞でつないでゆくということはないのです。

09. カジノで賭博にうつつを抜かす男

A man ← **crazy** for casino gambling

「うつつを抜かしている」なんて日本語をそのまま訳そうとしたら、あっという間に一日が過ぎてしまう。それはナンセンス。その意味の本質をイメージでつかむこと。情景を思い浮かべてもいい。そうしたら、カジノに「夢中になっている男」のイメージが湧いてきて、同時に言葉も湧いてくるはず。当然、

「～に夢中になる＝ crazy for/about ～」なんて英語に収まる。Crazy for/ about ～ は「～に夢中だ」という決まりきった言い方。フィリピンにも Casino はあった。ああいう場所に集まる人間って、なんか目が血走っていて気持ち悪かった。「なんなの、こういう連中？　なに考えて、生きてるの？」って気がした。たぶん、意識の一部が病気なんだと思う。彼らは一生治らない。日本に Casino なんか要らない！　誰が言い出したんだ！

> ## 10. 疲れた体にいい甘いチョコレート
> Sweet chocolates ← **nice** for an exhausted body

　Exhausted body は「ぐったり疲れた体」という感じです。形容詞は素直に nice で処理。チョコレートは元々は飲み物、つまりココアだったことを知っていますか？　あまりにもおいしいので、持ち運べるように「固めた板チョコ」が生まれたそうです。ココアは朝の飲み物で、大人も堂々と飲みます。所属していたロータリークラブの例会が毎週土曜日朝の７時からだった。まずみんなが会場のクラブハウスで朝食をとる。そのとき、仲間のオジサンたちが、みんなココアを飲んでいたのには驚いた。それ以来、ボクも真似をしてココア通になった。なお、ココアは英語では、普通、Hot chocolate といいます。この言い方お洒落だよ！

> ## 11. 誰でも話しかけやすい女の子
> A girl ← **approachable** for anybody

　形容詞のなかに -able という接尾語で終わる語がけっこうある。たとえば、applicable, achievable, obtainable, attainable, liable, available など。これらは「名詞＋形容詞」の後置修飾でよく使われる形容詞。ここでは

approachable を使ってみた。これはアプローチしやすい、つまり「話しかけやすい」という意味。日本語を教えていたフィリピンの企業で、仲間の女の子を指さして同僚の男たちが、She is approachable! なんてニヤニヤしながら言っていた。フィリピンの男たちはみんなそんな感じ。この一群の形容詞を意識化しておけば、次のような表現も簡単につくれる。

> 12. 自然界にとって持続可能な新エネルギー
> The new energy ← **sustainable** in the natural world

　これは最近頻繁に使われる形容詞だよね。ところで、こういう22世紀に向けた新エネルギーは、もうすでに数種類発見されているらしいよ。ただ、できあがった資本の構造を支配する既存の利権が、その出現を拒否しているのだという。まあ、世界の真相なんてそんなものだろうね。世界というのは人間の支配と欲望が織りなす世界だからね。ボクは、そういう現実にはもう驚きません。

> 13. 善意だけでは開かない世界の平和
> World Peace ← **not accessible** through goodwill alone

　接尾語が -ible になっていても、-able の形容詞群と意味はおなじ。「可能」を表す形容詞になります。ところでさ〜、なぜ人間の欲望は幸福の邪魔するんだろうね？　考えてみたことある？　ボクのルーツは哲学だから、一年中そういうことを考え続けているんだ。中学、高校のころからそうだった。こういう人間は「会社人間」には向いてなくて、最初から一匹狼で生きるしかないように宿命づけられていたような気がする。でも、はっきり言って、十二分に楽しかった！　だって、フィリピンへ行って、取材の合間にマニラ湾沿いのカフェで外の雨脚なんかを感じながら、その場があまりにも心地よくて、「そうだ、

この心地いい国で暮らせばいいじゃん」って決めてしまったんだから。その不意の決断からすべてが始まり、フィリピン移住に帰結した。誰にも相談する必要もなかったし、反対する人間も誰もいなかった。ボクはそういう生き方をしていた。

さてさて、接尾語の -ible で終わる語が後置修飾の形容詞にバッチリだと分かれば、最初に紹介した、possible だって、impossible だっていけることがはっきる分かる。すでに出した例を使ってみよう。

A 4WD car **able** to go anywhere
A 4WD car **possible** to go anywhere

ということになるでしょう？「〜する**のが可能な**＋名詞」って言えるんなら、「〜する**のが難しい**＋名詞」とも言えるし、「〜する**のが易しい**＋名詞」とも言えることになる。つまり、以下のような表現も簡単に口から出てくることになる。

The door **difficult** to open!
The door **easy** to open!

結局、名詞の後ろにはどんな形容詞でも置けるんだね！　これが分かると、後置修飾でなんでも言えるようになっちゃう。これを感覚的に理解してほしい。そうじゃなきゃ、ボクがマニラで見ていたアメリカの TV 番組のタイトルが、「Entertainment Central」であった理由が理解できないことになっちゃうジャン。大阪の人は、「〜ジャン」って、言われると上から目線で話された気分になるらしい。東京への反発はそのへんにもあるらしい。大阪人は「〜やん」と言うらしい。なるほどねェ〜って、最近知った。でも、「〜じゃん」と「〜やん」の間にそんなに深い溝があったなんて、驚きだった。

14. アウトドアライフに役立つなにか
Something ← **useful** for outdoor life

　これも覚えておいたほうがいい。Something, somebody, someone, anything, anybody, anyone, nobody, nothing, など不定代名詞を使った場合には、その単語の具体的内容はなにも述べていないわけだから、それをもう少し具体的に説明することが多い。その場合、どうしたって後続の形容詞やto 不定詞なんかで説明してやることになる。当然と言えば、当然のこと。Give me something to drink!（なにか、飲む物くれ！）と、言うでしょう？この場合は to 不定詞が直前の不定代名詞を後ろから飾っているけど、名詞を後ろから飾っている事実は同じ。どうです？　ずいぶん「後置形容詞」の使用範囲が広いと分かったでしょう？　これをガンガン使わない手はないのです。

　以上、すべての例で名詞の直後に形容詞が使われていたことを、改めて意識化してください。これをはっきり自覚するだけで、英語の間違った固定観念や先入観が修正されます。**形容詞は名詞の前に置くだけの言葉ではありません。**絶対にここを認識し直してください。

　普通の日本人は、英語を話すとき、この表現を即興で使えません。だからこそ絶対にマスターする必要があります。これだけでエレガントな英語の使い手になれるんですから。こんなに様々な日本語や味のある日本語が、あっさりと、「お洒落な英語（？）」になってしまったことに注目してください。「形容詞の後置修飾」を使うだけでそうなるのです。それは「後置修飾」自体がフランス語の影響で生まれた表現だからです。やはり、フランスがからむとなんでもエレガントになるんですね。「形容詞→名詞」のパターンは、なにごとにも堅ぐるしいドイツ語の影響の名残りなんです。

第 3 章

Point

［冷たいビール
⇐いやす⇐喉を］

後ろから、名詞を to 不定詞で飾る

　今度は、名詞を後ろから、いきなり to 不定詞で飾る表現に挑戦します。To 不定詞自体は名詞です。しかし、to の後ろに動詞があるわけですから、その動詞の意味が発現します。つまり「〜するための → 名詞」という意味になります。修飾される名詞が to 不定詞の前に出るわけです。「名詞 ← 〜するための」という感覚で使います。ただし、その動作はまだなされていない動作、これからすることになる動作になります。それは to 不定詞が名詞であって、名詞には時間が内包されていないからではないのだろうか。ボクはそう理解しています。

　この使い方は、口から発する名詞を後ろから飾る表現としては、形容詞を使うパターンよりずっと重要です。日常表現において、これがなかったら相当不自由です。たとえば、ある部屋のカギが見えなくなったとします。あたりを探していると、同僚が聞きました。「なに探してるの？」。そんなとき、こう答えます。

　The key **to open** that door!　　あのドアを、開けるカギだよ！

　To 不定詞を使わないで、この状況を説明できますか？　無理ですよね！それほど重要なのです。ですから、サンプル・フレーズは無限につくれます。「後置修飾」だからといってビビってはいけません。ただの「お洒落な逆転修飾」です。

PAGE / **108**

【練習問題】

> 01. 来年建てる山のなかの別荘
> A cottage in the mountains ← **to construct** next year

　友人に、ログハウスなんかの設計図を見せて、"This is my cottage to construct next year!"なんて言っているだけのことです。この文の This is を取り去ると、こういう名詞句が生まれます。To construct と不定詞が使われていることで、これから建てるコッテージだと分かります。日本語にはわざと「来年」と入れておき、意識的に日本語のなかに未来を明示しました。つまり、「来年、建てるための → 別荘」という意味です。こういう場合の後置修飾に使われるのが to 不定詞です。動作の側面から名詞が修飾されるとき、こうなるのです。

> 02. 仕事のあとで喉をいやす冷たいビール
> Cold beer ← **to heal** a throat after working hours

　これも「喉をいやすための → ビール」。頭のなかで「〜ための」という日本語を補って理解してください。そうすれば、喉をこれからいやすわけですから、「To 不定詞が使えるぞ！」と、すぐにピーンとくることになります。マニラ首都圏の中心地マカティ市は Business district と呼ばれ、東京の丸の内と銀座と渋谷や新宿を一緒にしたような場所ですが、そこの中心部にグリーンベルトという豪華な公園めいたショッピングエリアがありました。まさにお洒落なカフェやレストランが数え切れないほど集まっているところです。胃袋さえ大きければ、朝から晩までそこで楽しめます。ボクのオフィスはそのすぐそばでした。そこで飲んだドイツかオランダの黒ビール、おいしかったなぁ〜！あれはビールじゃない！　別の飲み物でした！　アルコールに無関心なボクが、

「なんダこれは！ すごい！」と、思ったんですから。

---

03. 発想を変える IA メソッド

IA method ← **to change** the way of thinking

この場合の「発想」とは、これから何をするにも関係してくる「考え方」のことですよね？ つまり、「変える」という動作は未来に関わるアクション。てことは、結局、「変える**ための** → メソッド」ということ。だから to 不定詞。The way of thinking は「考え方」、the way of Life とやれば「暮らし方・生き方」の意味です。よく使われる表現です。日本語でも茶道、書道、武道と、なんらかの極めるべき対象を「道」で表現しますよね。

　ボクが最初に翻訳した本は *"Meditate the Tantric Yoga Way"* というロンドンで発刊された本でした。東京神田の洋書屋をぶらついていて発見した本です。なんとその本は、ボクがインドで学んだヨーガ道場のグル（導師）の弟子の一人がイギリスで出した本でした。読んでみると、自分がその道場（Ashram）で学んだことが丸ごと書いてあった。「これを訳せるのは自分しかいない」「この本は、自分に出あうためにここにあった」と、勝手に思い込みました。そして訳出し、出版社にもち込んだ。主観が導いた成功例です。主観にまさる思念はありません。ボクは「客観的な〜」と称されるものをあまり信用しません。それは思考の弱さが求める指標だと思っています。ボクは自分の軸足は、そういう次元とは違うところに置いてあります。

---

04. アメリカの歴史を学ぶのにいい参考書

Good references ← **to learn** American history

これはまさに「歴史を**学ぶのに**→いい参考書」という意味ですから、楽勝です。To 不定詞を使えるぞと判断するまでに、0.1秒です。北米への白人の移民史を少しかじりました。おもしろかった。アメリカという国の文明史的意味が少し見えました。アメリカへ渡ったピューリタンの歴史は一つの ultimate な主観の歴史でした。それが世界を先導しましたが、そこに傲慢さが隠れていたために、歴史の女神はすでにその使命に「終了」を宣告しました。

> 05. 熱狂的なサポーターを惹きつけるサッカーゲーム
> Soccer games ← **to attract** many enthusiastic supporters

今も惹きつけているし、これからも惹きつけ続けます。だから to attract が使えます。「引き寄せの法則」のことを英語で The Law of Attraction と言いますが、これは人間の主観力をこう呼んだものです。アメリカでこの思想を花開かせたニューソート（New Thought）と呼ばれた思潮の背景にインドのヨーガ思想がアメリカに流れ込んでいた事実があったことを知っていますか？近現代の精神文明はやはりインドの叡知に触発されていたようです。

> 06. 両親に紹介するには願ってもない女性
> An ideal girl ← **to be introduced** to my parents

これは、to 不定詞を受身形にしたほうが女性の立場が浮かび上がりますよね。この状況って、結婚を想定した状況でしょうか？　しかし、自分でつくっておいてなんですが、この日本語、なんか不愉快ですね。今の日本では女性のほうが断然元気ですし、馬力もあります。あらゆる主導権が女性に移りつつある。この日本語、今の時代には合っていないようです。ボクは、22世紀が平和な世界になるなら、その世界は女性的価値観が支配する世界になるんじゃないか

と想像しています。男性よりも女性のほうに、人間の普遍性の多くが担保されている気がしてならない。だって、女性の本質は「知」ですから。じゃあ、男性の本質は？　それは「動」です。「動」の時代は今、終わりかけているんだと思う。

---

07. 外国人を理解する変わったやり方
A different way ← **to understand** foreigners

「理解する**ための**〜」だから、もう考える必要もない。西洋人と日本人の一番大きな違いは、西洋人では「理」が「情」に優先する点。けど日本人では、それが逆になる。「理」を「情」に優先させると、日本では人間扱いされなくなる。それが日本の精神風土。これちょっと怖い。どうして「マスク」の効果を「理」で理解しようとしないのか？　海に出て、船の上で映像を撮っているのに出演者にマスクを強要する理由、どこにあるの？　これって狂ってない？あれは間違いなく、国民に恐怖をもたせ続けるための TV 局の制作意図。それが「ソロバンをはじく」打算から来ていたのも明白。今、TV 局以上に「嘘」を垂れ流している存在ってないでしょう？　困ったものだ。

---

08. 腫れた歯茎を強化するビタミン C
Ascorbic acid ← **to strengthen** swollen gums

　ビタミン C のことを、アスコルビン酸っていうんだ。これフィリピンでは常識だった。胃酸過多は gastric hyperacidity。Acid という語も重要な英語。酸性雨は acid rain だったよね。「強くする、強化する」という動詞は、strength + -en ➡ strengthen。これもよく使う。

> 09. 我々に酸素をもたらす光合成
> Photosynthesis ← **to give** us oxygen

　光合成、酸素、二酸化炭素、中学生でも知っているこういう理科用語。これらを即座に英語で言える日本人はほとんどいない。二酸化炭素は Carbon dioxide。この領域の単語力を強化しないと日本人は永遠に西洋人と会話できません。英会話の盲点や死角はここにもある。ところで、「もたらす」をすぐに to give とやれた人は合格です。

> 10. ブラックホールを想像させてくれる電気掃除機
> A vacuum cleaner ← **to make** us imagine the black hole

　ポイントは「想像させてくれる」という日本語をどう表現するか。英語では上記のように言います。これがすっと出てきた人は、もっと合格です。かなり英語の発想が身についていると言えます。使役の make の使い方は、日常で頻繁に要求されます。

　Vacuum（真空）の語源はラテン語の自動詞 vacō（空である、無人である、〜を欠いている）です。ここから英語の vacant（空いている）、evacuate（避難する・避難させる）などが出てきました。Vacation（休暇）もその一つ。休暇でみんながいなくなって、日常の場が空っぽになるから。最近、コロナの影響でワーケーション（Workcation）という言葉が巾を利かせている。自然豊かな場所で休暇を楽しみながら働くことを意味させているらしい。しかし、これはダメ！　この言葉は、ネットによると2000年ころアメリカで使われ始めた言葉らしいが、最悪。バケーションとワーケーションの音の響きが似ているだけで2語を同時に意味させているが、発想が稚拙。だって休暇を意味する

vac がどこにも入っていないんだから。-tion は単なる名詞をつくる接尾語にすぎない。つねに語源を意識する人間にとってはとても耳障りで不快な言葉だ。

---

11. 人間の根底を破壊する遺伝子組み換え技術
Genetic recombination technology ← to destroy human identity

「遺伝子組み換え技術」の英語は覚えておいてください。この技術、原爆・水爆以上に深刻な罪です。「人類の根底」は Human identity と訳しました。人間は、どこまでも愚かな存在のようです。これは自己破壊の行為です。人類は自己の生命の根底を壊してしまいました。人類は必ず滅びます。自分が拠って立つその橋を壊したのですから。自己同一性を否定することの意味を知らない人たちの犯した罪です。その罪人たちから、我々はどうしたって分離してゆくしかありません。罪人たちがどこへ堕ちてゆくかは考える必要すらありません。

---

12. 我々の一体感を弱めるソーシャルディスタンス
Social distance ← to weaken our togetherness

「弱める」を to weaken としました。ソーシャルディスタンス、この言葉も嫌な言葉だね。嘘っぽい英単語が大手を振って歩き回っている。カーボン・ニュートラル（Carbon neutral、温室効果ガスの排出を全体としてゼロにすること）もその一つ。日本政府はまんまとその罠にはまってしまった。「あ〜ァ！」と言うしかない。今はまだ、世界は戦国時代だっつ〜の！

> ### 13. 我々を際限ない錯覚へ導くヴァーチャルリアリティー
> Virtual reality ← **to lead** us to boundless illusion

　これも恐ろしい次元。ヴァーチャルリアリティーって、幻想や幻視のこと。つまり、リアリティーじゃない。たぶん、その世界に入りすぎた人は、現実と幻覚の境目が分からなくなると思う。そして自己を失う。この分野も意図的に演出されています。オモチャが好きな人にはそれは分からない。メタバース装置を頭に装着した人が、仮想現実を楽しんだあと、「ずっとあの世界に居たかった」と言ったのを TV で見た。アホらしくてコメントする気もしなかった。

> ### 14. もらう愛ではなく、与える愛
> Love ← not **to get** but **to give**

　最後は希望に満ちたフレーズで終わろう。我々を救ってくれるのは、やはり「愛」だ。どうですか？　このフレーズ、品格があるでしょう？　Not ~ but --- を利用してみました。

Point [カップル ⇐ 別れた ⇐ 三角関係で]

後ろから、名詞を過去分詞で飾る

過去分詞は「分詞」ですから形容詞の働きを担っています。形容詞である以上、名詞を飾ることができます。その場合、当然、名詞を 2 通りの方法で飾ることができます。それが以下。

A **broken** → chair
A chair ← **broken** by a hammer

これはすでに触れてある事実です。過去分詞は名詞を前から飾ってもいいし、後ろから飾ってもいいのです。もちろん、ここで学ぶのは名詞を後ろから飾るパターンです。日本語は「金槌で壊された→椅子」ですが、英語で Broken by a hammer → chair とは言えません。修飾語が長い場合は必ずその修飾語は名詞の後ろにまわり、A chair ← **broken** by a hammer と言わなければならないことになっています。

ただし、A chair *that was* **broken** by a hammer という言い方は、話す英語ではめったに言いません。イヤミったらしいのです。「なにを勿体つけた言い方するんだよ！」という、歓迎されない大仰な言い方になってしまいます。会話の場では浮きます。そういう言い方をする人は必ずまわりに怪訝な顔をされます。でも書く文章だったらかまいません。この違いをはっきり自覚してください。

さて、過去分詞を「お洒落な逆転修飾」で使う場合には、その意味は大きく

分けると二つに分かれます。それが以下です。

A wallet **stolen** in a train　　　　　　列車のなかで**盗まれた**財布（受身）
People **gone** to other dimensions　異次元へ**行ってしまった**人達（完了）

　形容詞としての過去分詞は**受け身**の意味と、**完了**の意味の両方をもっていますので、後置修飾で使われる場合も両方で使えます。ただし、圧倒的に受け身で使われるパターンが多いのも事実です。その受け身のパターンに慣れるだけで「お洒落な逆転修飾」の過去分詞用法はマスターしたことになります。完了の意味で使われる場合は、頻度としてはかなり低いです。しかし以下の例には混ぜておきました。さあ実際に、練習問題にたくさん触れてみましょう。慣れることが使えるようになる最短距離です。

【練習問題】

> 01．わが社から新発売された最新の4WD車
> The latest 4WD car ← **launched** by our company

　日本語自体が「発売**された**」と受け身になっていますから、一瞬で判断できます。発売記念パーティーなんかは、Launching party と言います。マスコミなんかに向けた新製品発表会なんかも、The Launching 〜 です。またロケットを打ち上げることも launching と言います。発音は「ロォーンチング」ですから、注意してください。それと、「最新の〜」は、the latest と表現します。一番遅いものが、「確かに、最新だわ」ってことです。

02. 若者向けに改訂されたファッション雑誌
The fashion magazine ← **reedited** for younger generations

　これも「改訂**された**」ですから、間違えようがありません。雑誌って、読者からすると圧倒される世界、手が届かず憧れる一方の世界と感じると思いますが、あれ違うんだ。現実には何にもないところに、編集者が勝手に幻想世界をつくり出しているだけなんだ。ボクはマニラでグラビアをたくさん使った雑誌の編集長をしていたことがあるから、よく分かる。雑誌をつくっている当人は結構むなしい。雑誌が虚業であり、幻想を生み出しているだけの世界であることを一番よく知っているのが編集者自身だから。だから、雑誌になんか振り回されちゃダメ！

03. 母が用意した一杯のオレンジジュース
A glass of orange juice ← **prepared** by my mother

　母から見れば「用意した〜」だろうけど、オレンジジュースから見れば、「用意された〜」になる。だから、ここは「受け身表現！」と一瞬で見抜く！ポイントは、Orange juice that is 〜 なんて関係代名詞を入れて考えないこと。いきなり orange juice の後ろに prepared を置いてしまう感覚に慣れることが大切です。慣れればできるようになります。慣れてください。

04. マリアに熱心に勧められた携帯電話
The cellphone earnestly ← **recommended** by Maria

　過去分詞を形容詞として受け身の意味で使う場合は、後ろのほうで by を伴

うことが多いです。「--- によって〜された」という表現になるからです。まあ、これは基本的な「受動態」の知識ですけど。

---

05. 三角関係のもつれで別れたカップル

A couple ← **separated** by a love triangle

　日本語は「別れた」です。受け身でしょうか、完了でしょうか？　う〜ん、微妙ですね。三角関係という原因で「別れさせられたカップル」と考えれば受け身で、「別れちゃった」と受け取れば完了になる。まあ、そのへんはどっちでもいいです。吟味は曖昧でもいいんです。英語自体は、A couple separated なんです。「三角関係」のことを英語で Love triangle って言うのを耳にしたときは驚いちゃった。「人間の言葉はおんなじだ！」と感じました。

---

06. 多数の参加者に無視された提案

A proposal ← **neglected** by many participants

「無視された」は、neglected でも、ignored でも、どっちでもかまいません。ビジネスで使う提案や企画、または起案なんかはみな Proposal です。結婚の申込だけが Proposal ではありません。ちなみに propose は動詞。名詞ではないので注意してください。

---

07. アメリカで予期せず出あったチャンス

A chance ← **encountered** in the US unexpectedly

Encounter という動詞は、encountered という過去分詞で使うことが非常に多いです。この単語は事故や危険に遭遇した場合によく使われますが、悪い意味でなくても、予期せず出あった状況でよく使われます。ちなみに、日本語の「偶然・偶然に」という言葉はとても一般的ですが、これにピタッとくる英単語がありません。あえて選べば、accidentally です。でもこの単語、どうしても Accident を連想してしまって使うのを躊躇するのですが、悪いハプニングでなくても accidentally をみな使っていました。Coincidentally（偶然に）はほとんど使わない。表現が厳密すぎる。

---

08. 単身赴任で別居中の男

The man ← **separated** from his family for his assignment

これはかなり高度な日本語ですよ。この日本語から separated を連想できた人はすでに上級者です。なぜなら、「別居中」というのは、そのお父さんが家族から「分離されている」状況ですから、その状況を連想して初めて separated という単語が出てきます。ですから、これは難問です。separated by 〜 じゃなくて、separated from 〜 とやると、なおさらそのイメージが明瞭に浮かび上がります。単身赴任で家族から引きはがされているお父さん、たくさんいるよね。日本はお父さんを粗末にしすぎる！

---

09. 全員が歓迎した社長の提案

The idea of president ← **welcomed** by every staff member

日本語は「歓迎した」になっていますが、提案を中心に考えると、「歓迎された」になります。「歓迎した」で表現しようとすると「全員が」を主語にしなければならなくなる。すると名詞句をつくれない。でも「歓迎された」にす

れば、「提案」を飾るだけでいいので、簡潔な「後置修飾」が生まれます。

---

10. 津波で破壊された海辺の街
Towns along the beach ← **destroyed** by the Tsunami

「破壊された」という日本語から、すぐに destroyed が出てきたはずです。もうなんの苦もなく過去分詞が出てくるようになったでしょう？「英語の形容詞は名詞の後ろに置けるんだ！」という当たり前のルールを、はっきりと意識化すればいいんです。そうするとその形容詞の概念のなかに過去分詞も入ることになる。

A **broken** → Smartphone
A Smartphone ← **broken** by a happening in a train

　これが過去分詞を名詞の前に置くか、後ろに置くかの違いを理解するための分かりやすいサンプルです。何度も触れていますが、前置修飾というのは修飾語が極端に短い場合にしか使いません。英語の修飾表現は後置修飾が基本です。過去分詞の使い方で悩む問題ではないのです。根本的には英語の修飾方法の原則から理解すべきです。「長い飾り言葉は、ぜんぶ、後ろへまわせ！」、それが原則です。

---

11. 2026年まで完成しないサグラダ・ファミリア
Sagrada Familia ← **not completed** until the year 2026

　これ、完了の意味で使われている過去分詞の後置修飾になる。例は少ないだろうけど、つくろうと思えばつくれます。2026年はガウディーの没後100年

なんだって。Sagrada Familia ← **to be completed** by the year 2026 で
もいいよ。

---

12. 乗客なしで飛び立った飛行機

The airplane ← **departed** with no passenger

　これも完了の意味。飛行機は、「飛び立ってしまった」わけだから。フィリ
ピンへ移り住む前、ジャンボ機で地方の予備校へ古文を教えに行っていました。
東京へ戻る夜の JAL 便はいつもガラガラだった。「これでやっていけるの？」
と思っていたら、まもなく日本航空が倒産の際まで行った。「だろうね！」と
思った。ゴメン、英語に関係なさすぎた。

---

13. ATM から出てこなくなったカード

The card ← **eaten** by a cash dispenser

　この言い方、実際にマニラで耳にしてしまった。聞いた瞬間的にその意味が
分かった。まあ擬人的な表現だけど、こういう言い方もするんだね。こういう
のって文法書や辞書をいくら探したって出てこないと思う。そこが生の英語の
おもしろいところ。この表現、忘れられません。

Point

[女 ⇦ 塗っている ⇦ 口紅を]

後ろから、名詞を現在分詞で飾る

さあ、最後の現在分詞の練習です。現在分詞は「〜している」という進行中の動作や継続状態を表現するんでしたよね。現在分詞という文法用語は、ちょっと馴染みにくいと思うけど、慣れてしまえば、英語をつくるときに大いに役立つ。動名詞との違いを意識化するだけで、表現の巾がぐっと広がります。

The cat ← **sleeping** on a cushion

「座布団の上で**眠っている**→猫」、これだけのことです。修飾の流れが英語と日本語では逆転しているだけのことで、なんのこともありません。関係代名詞なんか、頭の片隅にでも思い浮かべちゃダメです。ボクは、まったく思い浮かべません。影も形もありません。ゼロです。そんな感覚で「後置修飾」の現在分詞を使えるようになってください。日本へ戻って間もなくの頃でしたが、英語に自信のある「昔の受験秀才」にこの「後置修飾」を教えたことがあるんです。彼はうろたえていました。関係代名詞が入っていないだけで慌てふためき、頭がパニック状態になり、海でおぼれかけた人みたいでした。「あ〜、日本では教えていないんだァ〜」と、手に取るように分かりました。

第 3 章

【練習問題】

> 1．鏡の前で口紅を塗っている女
> The girl ← **putting** on lipstick in front of a mirror

「塗っている」の英語が出てこなかったと思います。普通は put on を使うんだ。女性がお化粧に使う時間はけっこう長いんじゃないかな？　だったら、その行為は「塗っている」状態がしばらく続く現在分詞の適用範囲になります。なんて──、不必要に難しく言っているだけのことです。

> 2．ひとり北埠頭でたたずむ男
> A man ← **standing** still at the North harbor

「たたずむ」は「立っている」、だから standing still。埠頭にたたずむ姿が似合うのは「夜霧よ今夜も有難う」の石原裕次郎か、「霧笛が俺を呼んでいる」の赤木圭一郎かどちらかでしょう。後者は誰か、知らないかもしれない。でも、ネットで検索すればすぐに出てきます。昔の映画スターがもっていた雲の上の人というイメージって、もう、今の芸能人にはないなぁ～。ところで、たたずむ男は今の時代にいるのだろうか？　人がたたずむときの眼差しは、明日を憂える眼差しになるはずなんだけど。最近、美意識をもった男、少なくない？

> 3．プールサイドで夕陽を見ている女
> A girl ← **watching** the sunset at the poolside

マニラ湾沿いにフィリピン・プラザ（旧名）という有名なホテルがあった。

そこは昔から湾の遠方に沈む荘厳・華麗なる夕陽を見られる場所で有名だった。マニラ湾の夕陽は「世界３大夕陽」の一つ。毎日、夕方になると宿泊客も街中の観光客も、豪華なプールサイドにその夕陽を見に集まってきた。それは今も変わらないと思うけど、その夕陽の美しさを言葉で表すことは、この短いスペースではとても無理。約450年前、マニラを攻略に来たスペイン人たちは、湾上に停泊した艦船の上からその真っ赤な夕陽に見惚れていた。そして不意に、誰かが、「夕陽が血の色に染まっている！」と口走った（古文書にそう書いてあった）。そしてその翌日、コンキスタドール（征服者）のスペイン兵たちはマニラを砲撃し、地上の住民を殺戮し、海も地も血の色に染め上げてしまった。プールサイドの女でなくても、マニラ湾の夕陽をじっと「見ている」と、無数の歴史場面が蘇ります。その湾の底には日本の艦船も、無数の日本の兵士も沈んだのですから。追憶は時間の流れを呼び戻し、その流れを現在分詞で継続させます。

４．机の上でうるさく鳴り響く携帯電話

A cellphone ← **ringing** noisily on the desk

「鳴り響いている」のは継続的な状態ですから、まさに ringing です。「机の上で、うるさく」とつけ加えなければいけないのですから、a ringing cellphone とやってしまっては、そのあとを優雅に表現できなくなります。分かるでしょう？　しかしその電話を ringing で後ろから説明するなら、いくらでも説明をつけ足してゆけます。この理解と感覚が自分のものになると、英語の発想も自分のものになります。

５．革ジャンを粋に着こなしたジェームス・ディーン

James Dean ← **wearing** a leather jacket nicely

「着こなした」という日本語のニュアンスは、wearing と最後の nicely の組み合わせで表現できます。英語は、日本語に比べて、けっこう、ぶっきらぼう。初心者は、日本語とおなじレベルで英語をつくろうとするから困惑します。それは土台無理。まして瞬時の会話では、絶対に不可能です。イギリスやメリカの名文家が「書いた英語」ばかり読んでいると、「話す英語」との乖離(かいり)を忘れてしまう。そういう硬い英語を口から出せる人間なんて、どこにもいません。「着こなした」という日本語から、「着ている」という継続状態がイメージされるだけで文句なしです。

6．ハザードランプを点滅させている4WD車
The 4 WD car ← **flashing** hazard lamps

ハザードランプは点滅するもの。つまり「点滅している」状態が反復し、継続し続けます。まさに現在分詞が表す状態です。これは英語なら flashing だけで十分。外国人はこの英語から、日本語とまったく同じイメージをくみとります。孤立した単語の意味をつなげてその状況を描き出すのもいいですが、それより、個々の単語がもつイメージを統合したほうが、トータルな情景が自然に浮かび上がります。言葉とイメージ力はつながっているからです。ハザードライトって言い方も普通にするよ。両方憶えておいて！

7．定刻に駅に到着しつつある列車
The train ← **arriving** at the station on time

「到着しつつある」と、丁寧な日本語になっていますね。まさに、現在分詞が登場するための状況です。カルカッタ（現コルカタ）の駅は印象深かった。日本の上野駅と雰囲気が少し似ていました。マニラ首都圏にも列車が一本走って

いた。その列車にはインドの列車のニオイがしたので、気になって調べてみた
ら、その印象は正しかった。インドも日本もフィリピンも、列車はすべてイギ
リスとつながっていたんです。インドで列車に乗るのは命懸けです。10時間
程度はトイレへ行かない覚悟が絶対に必要です。その間、ずっと我慢し続ける。
ヨーガの苦行よりずっと辛かった。Keeping patience without using a
toilet at least for ten hours fixed at your seat. It's absolutely a must if
you ride on a train in India.

> 8．世界中で売れているタイム誌
> Time Magazine ← **circulating** all around the world

　新聞や雑誌の発行部数を表すのに circulation とか circulate という言葉を
よく使います。継続的に circulating している状態が「売れている」というこ
とです。これも、字面を訳すのでは英語は出てきません。日本語の意味を考え
てください。翻訳はここが基本です。話す行為も翻訳なのです。0.1秒の瞬発
感覚でやり続ける翻訳が、「英語を話す」行為です。そのためには気持ちを解
放して、間違いを恐れず、悪乗りしながら冗談感覚で話し続けます。話す言葉
は話すシリから消えてゆきますから、間違えたってどうってことない。気づい
たら言い直すだけ。初心者のレベルでは、a と the の区別や単数と複数の区別
なんか、どうだっていい。車の免許を取り立ての頃はぶつけないようにするの
が一番大切。スピードは二の次。それより、心を開くこと。まず心理モードを
変えないと、会話で文法モードを使う力が湧いてきません。

> 9．水平線から姿を見せつつある朝日
> The morning sun ← **rising** on the horizon

「スガタを見せつつある朝日」とは、「昇りつつある朝日」のことですよね。やはり現在分詞です。The sun is rising on ～ という進行形との違いが、もう完全に分かったでしょう？　進行形は主語の進行中のアクションを表現するもので、「後置修飾」の現在分詞は名詞の継続中の状態を表現するものです。ところで、聖徳太子が「日出処の天子──」と中国の皇帝に文を書いたのは、それが当時の日本に関する世界認識だったからのようです。あの文は、あの当時、中央アジアから陸続と帰化人が「日いづる国」へやってきていた頃の、日本に対する世界認識だったようです（田中英道先生の本を読んで！）。これまでの日本の古代史解釈はほとんど的外れだったことになる。日本は、その当時から世界の希望だったのです。だからこそ日の丸が国旗になった。これって、すごすぎない？

---

10. 五臓六腑にしみわたる冷たいジュース
Cold juice ← **going down** the throat nicely

「五臓六腑」は単なる日本語のアヤ。比喩にすぎません。だからまじめに訳そうと思ったらダメ。結局は冷たいジュースが、喉から「落ちていっている」わけだから、それをスローモーションのように感じ取って、going down the throat とやりました。Nicely をまた使っちゃったけど、許してください。でもこの言葉足らずの副詞が想像力に助けられて、実にみごとに冷たいジュースが喉を落ちてゆく様子を伝えていると思いませんか？　でしょう？

　どうでした？　英語と日本語の関係に、ちょっと衝撃が走りませんでしたか？　話をちょっと肥大させて読み物風に遊びましたが、それはご勘弁を！しかし本筋は英語と日本語の関係です。かなり微妙な雰囲気やニュアンスをたたえた日本語が、みごとな（？）英語に変貌していませんでしたか？

　そもそも日本語と英語の間に、多々、大きなへだたりがあったでしょう？
この現実に触れて誰もが言うことは、「日本語のほうが難しい！」という言葉
です。そうです、日本語のほうが難しいのです。それに比して、英語表現のな
んと律儀で、簡潔なことか！　少しでも英語に慣れると、誰もが「英語のほう
が易しい！」と言います。そのとおりなのです。英語のほうが易しいんです。

　日本語の原理は「感性」ですから、とても曖昧です。しかし英語の原理は
「論理」ですから、カチッ、カチッとしていて、理解しやすいんです。自由に
使いこなすのはまだ無理と思いますが、この段階では、この事実に気づいても
らえれば大成功です。それにしても、「後置修飾」の知識で、非常に高度な英
語をつくれることに驚きを感じませんでしたか？　そこが一番知ってほしい部
分なんです。

Point 英文コピーライターに、なる！

後置修飾を、自由自在に使いこなす

　せっかくここまで楽しんできたんですから、もう少し悪乗りしませんか？ボクは、フィリピンのお洒落なカフェやレストランで、または英字新聞の宣伝文句等で、「後置修飾」を使った華麗なコピーをたくさん目にしてきました。お洒落な英語は関係代名詞を抜き取った簡潔な「後置修飾」で演出されます。まさに、この章で見てきた表現法をちりばめれば、英文コピーライターの真似をすることができるのです。遊びの感覚でやれば、けっこう、その近くまで行けます。

　もう少し、遊んでみましょう。以下、すべて空想の産物です。

No.1：スイスのアルプスが間近に見えるお洒落なカフェに入ったとします。メニューは英語で書かれていました。ソフトドリンクのページに、お勧めの言葉が一行添えてありました。こんな感じ。

> A cup of hot chocolate **to enhance** your morning!
> 朝の寝覚めには、ホットチョコレート

　ココアの甘さ、つまり糖分こそはまだ眠っている脳を目覚めさせてくれるKey なのです。これは海外では常識です。その下にはホットレモネードが載っていました。その誘いの言葉は；

Hot lemonade **recommended** for your itchy-throat after skiing
スキーのあとの、いがらっぽい喉にホットレモネードを

どうです？　十分お洒落でしょう？　最初は to 不定詞を使った「後置修飾」、2番目は過去分詞を使った「後置修飾」。どちらも、まさに「お洒落な逆転修飾」です。形容詞句全体に、分かりやすいように波線を付しておきます。

No.2：今度は毛皮のコートの宣伝です。

A fur coat **to guide** you to the richest stage!
貴女を、最高級のステージへ誘う、ファーコート！

女性の虚栄心をくすぐるあざといコピー。嫌味を承知でこう言ってしまう感覚が逆に女性に受ける。なんて、ほんと？　女性の本心は分かりません！

No.3：今度は日本の呉服屋さんの宣伝です。それを英語でやるのが粋なはず。

Kimonos **to change** Japanese girls into traditional elegance
日本の女性を、伝統美に変身させる Ki・mo・no

いいでしょう？　Exaggerated でもないし、「だよなァ〜！」って思わせない？♪　訪れた外国人女性に試着をすすめる英文コピーもつくってみました。

> The Magic of Kimonos **to be** left without words when you put them on
> それを身にまとうとき、言葉を失うのが Ki・mo・no の魔法

No.4：今度は、海外のペルシャ絨毯のお店です。イランの本店かな？

> The Persian carpets **to make** everyone kneel before their elegance
> 誰をも、華麗さにひざまずかせにはおかないペルシャの絨毯

> The Persian carpet **to make** you fly in a dream!
> 夢の中で、空をも飛べるペルシャのカーペット

　どちらも to 不定詞を使った「後置修飾」ですが、二つとも使役のニュアンスを出してみました。

No.5：今度はペットショップです。そう、魅惑の世界！

> Puppies and kittens **incredibly cute** just for watching!
> 見ているだけで可愛すぎる、子犬と子猫！

> Yes, they are partners **to inspire** love into your family!
> そうです、彼らは、家族に愛を吹き込むパートナーです！

　ボクは、犬以上に好きなものはありません！　犬は、人間の永遠の友です。犬の目を見ていると、心がどこまでもいやされてゆきます。もちろん子犬もいいけど、老犬の目も好きです！　彼らの目はまるですべてを赦(ゆる)し、すべてを諦観した聖者のようです。なにも言わずそばへ行って教えを乞いたくなります。

No.6：恋愛のトラブルを専門に扱う法律事務所があったとしましょう。

> We will find a way with our legal skills
> if you have a love entanglement **too complicated** to solve.
> お困りの恋愛事情がおありなら、私たちのリーガルスキルが、
> お手伝いします。

　日本語はやんわりとした表現ですが、英語でははっきり分かります。冗談のつもりでつくっているけど、こんなコピーに希望を見いだす人だっているかもしれない。

No.7：今度は名刺印刷の宣伝コピーです。和訳はちょっといじります。

> We print valued cards **to introduce** your precious status
> 貴方の価値ある御身分を紹介するなら、それにふさわしいお名
> 刺を！

　名刺は世界中で必要とされる、必携のビジネスアイテムです。

No.8：こんどはちょっとシリアスな箴言(しんげん)（人生の教訓やいましめとなる短い

言葉）です。

> Liberty and Equality **difficult** to find their contradiction
>
> 自由と平等は矛盾概念。誰もそれに気づかない

　フランス革命の嘘と欺瞞をもじってみました。「自由と平等」ほど、まんま
と世界中の人間を騙した言葉はないと言われています。確かに両者は両方同時
には成立しません。自由にしたら必ず勝者と敗者が生まれます。平等にしたら
自由はなくなります。この両語は互いに相手を否定する矛盾概念です。でも人
間は自分に都合のいいように解釈します。自分だけは自由になって、他人が自
分以上にぬきんでることを「平等」の名で否定するのです。これは人間のエゴ
と我欲をみごとに衝いた甘言です。フランス革命の裏には何重もの嘘とたくら
みが隠れています。

No.9：過激な挑発は上記でおしまい。もっと身近なコピーを楽しみましょう。

> Cashless society **hard** to accept for senior citizens
>
> 高齢者には、受け入れがたいキャッシュレス社会

　ボクは、絶対に嫌だ。スマホで買い物の代金は、絶対に払わない。ボクはテ
クノロジーの50パーセントは信じていない。誰がなんと言おうとも。

No.10：世界の趨勢に警告！

> Anti-carbon campaigns **crazy** as a witch-hunt
> 魔女狩りのごとき、狂乱の反炭素キャンペーン

　地球上の生命は、すべからく炭素の揺りかごから発生してきたことをみんな忘れています。地球から炭素が無くなると生命は存在できないのに。人間って、何を考えているのだろう？　有機物（Organic compounds）って、炭素化合物（Carbon compounds）の別名でしょ。中学理科の知識でもそんなことすぐに分かるよ。

No.11：PC やスマホへの警告文。

> Don't open texts **sent** from anonymous sites!
> 匿名のサイトからのメール、開けちゃダメ！

　フィリピンでは携帯電話でやりとりする文のことをテキスト（Text）と呼んでいた。この程度の後置修飾文は、いつでも、即座につくれるようになってください。

No.12：空港の到着フロアーのターンテーブルのそばの掲示だとします。

> Your suitcase?　**Forgotten** on the turn table!
> あなたのお荷物、忘れていませんか？

　文法的には Your suitcase forgotten on the turn table です。これを意図的に二つにちょん切りました。するとこうなります。どうです？　分かりやす

くないですか？　こういうコピー、よく見かけたような気がするんだけど──。

No.13：こんどはインフレへの怒りです。雑誌の見出しやリードにあたるかなあ。

> The inflation rate **climbing** to 5 percent just in a couple of months!
> ２カ月で、インフレ率が5.0パーセントまで上がった！

> The meat price **skyrocketing** under this inflation!
> 肉の値段が、急上昇だ！

　フィリピン人は、貧乏人が野菜を食べて、金持ちは肉を食べるものだと信じていましたから、こういうコピーには鋭い反応を示すはずです。コロナの最中には、相当肉の値段が高騰したらしいです。

No.14：マニラに Pancake House という名のレストランがありました。メニューは多彩ですが、もちろんそこのお勧めはパンケーキです。魅惑的な各種のパンケーキが写真と一体でたくさんメニューに並んでいました。ホイップやメープルシロップをたっぷりかけて食べるので、いわゆる「罪悪感」なしにそこのパンケーキを食べることはできません。でも、その「罪悪感」は簡単に欲望に負けてしまいます。ボクの大好物は２枚重ねのフワフワのパンケーキの上にたっぷりのブルーベリージャムとホイップのかけてあるやつでした。自分のオフィスのすぐ近くにあったので、しょっちゅう行っていました。お酒を飲まない自分にとって、ささやかな至福の時でした。さあ、そんな甘党には天国みたいなレストランのコピーです。

> Every Pancake **acceptable** to your infinite indulgence!
> あなたの欲望を、ことごとく我々に託してみて！

実は、indulgence（食への放縦・自分を甘やかすこと）という単語は、実際にそのレストランが使っていた単語です。しかしその他の表現は忘れましたので、この単語以外は自分でつくってみました。Indulgence はこんなふうに使えるんだと強烈に記憶に残りました。まさに客の「罪悪感」を知った上で、その弱みを衝いてくるあらがいがたいコピーになっているはずです。甘党の欲望を見透かしたコピーのつもり。日本語はちょっと意訳しました。

No.15：南国の果物の雄は「悪魔の果物」とも言われるドリアン。その対極にある魅惑の存在がマンゴスティン。「果物の女王」と言われます。もちろん両方食べました。どっちが好きかと言われたら、もちろん、マンゴスティンです。その「かそけき甘さ」、「ほのかな酸味」は自然界の抑制の極み、うるわしさの精です。崇敬に近い思いを抱かせます。あれは果物ではありません。清楚ないのちです。

> Mangosteen, the Queen of Fruits, **indescribable** its subtle taste
> 食べてみなければ言いようのない、果物の女王、マンゴスティン

マンゴスティンは被殻の大胆さと、中身の精妙さとの落差が不思議な魅力をかもしています。しかも、硬そうに見えてナイフが素直にザクッと入る感触がたまりません。中を開いたときの分厚い紫色の皮肉は染色家なら絶対に戦慄するはずの魔力です。そういう何重ものヴェールのなかに白い女王は鎮座まします。怖れを抱きつついただくのです。南国の果物には妖しい壮麗さがあります。果物は自然への崇敬を感じさせてやみません。あぁ〜、人智を超えたものがあ

る！

　目に訴えかけるコピーは文にしないで、フレーズにするとインパクトがあります。そんな場合、絶対に関係代名詞なんかは使えないのです。

　さて、このくらいにしておきましょう。このような遊びをしたのは、「後置修飾」というものが非常に日常的な表現で、目にも、耳にも striking で、非常に訴求力ある表現なのだということを分かってもらいたかったからなのです。これは決して特殊な表現法ではありません。英語を活き活きとさせるために意識的に使われる表現法です。この技法を使うとエレガントで修辞的な効果が生まれます。仮に話し言葉で使われても会話に親しみが湧きます。なぜなら聴き手にとっては話し手が知的で飾らない人であることが分かり、両者の知的共鳴度が増幅されるからです。

　書き言葉、つまり文章作法のなかでもどんどん使ってください。それによって言語センスが光ります。元々フランス語流の表現ですからネガティブな印象は決して生まれません。日本ではここまでは理解されていないはずです。

起承転結では、
論文にならない！

「五七五七七」、短歌、和歌のリズムは日本人の血に流れる生命です。同じように、起承転結もわれわれの思考に住まうリズムです。ものごとは、起承転結で進まなければわれわれ日本人は納得できません。理屈を超えた実感の世界がそこにあります。

大学受験の小論文の先生たちが、生徒たちに熱っぽく説（と）いていたのが「起承転結」で進める論旨展開でした。生徒は誰も疑わず、それを信じたはずです。ところがです、これは論文の書き方ではないのです。小論文と銘打っている以上、それは「論文」のはず。つまり論理で自説を主張するロジックがそこになければなりません。しかし、「起承転結」にロジックはないのです。

万葉歌人、柿本人麻呂の代表作に次の歌があります。「あしびきの山鳥の尾のしだり尾の長々し夜をひとりかも寝む」。あまりにも有名な歌で、小倉百人一首にも入っている国民的短歌です。この歌のリズムはどうも、「起承転結」に収まっている気がしてなりません。

起：あしびきの　➡　枕詞、山鳥をみちびく

承：山鳥の尾のしだり尾の　➡　山鳥の長い尾がだらりと垂れているように

転：長々し夜を　➡　この長い長い夜を

結：ひとりかも寝む ➡ 今宵も独り寝で過ごすのだろうか

　キジ科の山鳥は確かに長い尾をしていますが、この鳥は昼は雌雄が一緒にいて、夜間は雌雄が離れるという伝承を受けた伏線が隠れています。「起」はその山鳥を導くためのリード、つまり論旨のきっかけです。「承」はその提示を受けた本論の展開部分。「しだり」は「垂る」で、尾がだらりと下に垂れることを暗示しています。そういう特徴をもった山鳥が、「承」の本論から、ガラッと「転」に変調します。これは「尾が**長い ➡ 長い夜**」と連想ゲームの言葉遊びになっている部分です。これはボクには、「駄洒落」としか思えない部分です。当時の日本人にはこれは「駄洒落」とは認識されていなかったと思います。こういう言葉遊びをすることが古代人が自国の言葉を血肉化してゆく過程だったような気がします。だからこそ、そこに張り詰めたロジックがあったわけではなく、現代の感覚から見るかぎり、所詮言葉遊びの感覚が入り込んだのだと思います。駄洒落じみた才を競うことが言葉の才を競うことであったような気がしてなりません。これはボクが昔、古文を教えていて、ずっと感じていた違和感でした。

　つまり「転」でロジックが消えるのです。跳ぶんですから、筋の流れは断絶するのです。ですから、これは論旨展開ではなく、まさにそれを許す「詩歌」を任じた部分です。飛躍や転調があるからこそ、この詩歌は面白いし、心を刺激し、日本人は満足します。「転」の部分を理屈っぽい論理でつないだら、日本人には重すぎて、誰もが辟易するでしょう。「勘弁してよ！」になります。話題をひろげる仕掛けが「転」に託されていることによってこそ、「起承転結」の価値は日本人に支持されてき

たのだと思います。

「起承転結」はもともとは中国の漢詩の形式で、そもそもが心や感情を刺激する形式でした。そこが日本人の「情」を尊ぶ感性にピタリと合い、日本文化に定着したのでしょう。つまり日本文化は根源的に「情」に根ざし、「理」には根ざしていないのです。

論文を書いているとき、それまで展開してきた論旨とつながらない話題をもち出した場合には、論理が破綻します。まして語呂合わせに近い連想ゲームでつないだら、それはもう論文ではなくなります。それを意図的に使うのがまさに「転」ですから、「起承転結」で小論文を書くことはナンセンスなのです。

最近どこの企業でも「プレゼンテーション」をやっているはずですが、その主張を「起承転結」で述べたなら、それは主張や提案を「論理」で訴えるのではなく、聴いている人の「情」に訴えていることになります。それはビジネス戦士としてはかなり姑息なやり方です。しかし、そこに気づいている人は稀有な気がします。つまりここが日本人の意識の死角です。

これは過酷な指摘のはずですが、「理」の展開だけで充足できる感覚をもたないかぎり、日本民族は西洋人に勝てません。彼らの思考の粘着性をわれわれ日本人は知らないと言えます。もちろん、心に宿る「詩」は「詩」でいいのですが、頭のタフネスが要求される「理」にも長じなければならないと思うのです。

アンケート
週給と月給、どっちがいい？

　フィリピンで20年暮らしていた間、マニラにあった多数の日系企業へ日本語を教えに行っていました。自分がマニラの大学で教えながらつくり上げた独自の日本語教授法で、現地の日系企業を支援するためでした。設計図面を作成するエンジニアリング系の企業が主でした。ボクが考案した教え方はロジカルなメソッドでしたから、理詰めの頭をもったフィリピン人エンジニアには大うけでした。

　教えるといっても、ボクは生徒に対して偉ぶりません。ほとんど友達感覚で教えます。誰もがボクを好きになりますし、その前にボクが彼らを好きになります。授業を展開するのに必要な相互信頼は最初の30分で十分構築されます。ボクは授業中、バンバン冗談を言いますし、駄洒落もバンバン飛ばします。フィリピンではどんなシチュエーションでも、ユーモアが知的水準の証です。ですから、授業でも生徒たちを笑わせられなければ尊敬されません。ボクはフィリピンのそういう精神風土が好きでした。

　さあ、そこです。ボクはときどき授業を意識的に脱線してアンケートを実施していました。紙を配るわけではありません。口頭で行うアンケートです。週給と月給と「どっちがいい？」、というアンケートです。

　ボクはフィリピンへ移住して最初は現地新聞の記者をしていましたか

ら、給料は現地スタッフと同じく週給でした。それは法律で決まっていたことです。週給は月2回の支払いです。2週間おきにチョンビリ、チョンビリ、お金をもらうのです。これが辛かった。1カ月の計画が立ちません。2週間後には必ずお金が入りますから、飢え死にすることはないのです。しかし1カ月単位の行動を担保できません。

　半月分の賃金のなかから、部屋代を半分だけ取り除き、電気代を半分だけ取り除き、食費も2週間分だけ確保し、交通費も──、なんてことをやるのです。「いい加減にしろ！」と不意に自分に向かって怒り出します。「ままごとを、やってんじゃないよ」と自虐的な気分になります。それでもどうにもなりません。その新聞社で一番高給をとっていた自分でもそうだったのです。

　ちょうど、鶏卵を生産する巨大なケージに入れられて、流れるエサをついばんでいる鶏にされたような気分でした。1カ月単位の生活を自分で采配できないと、人間の尊厳を保てなくなります。完全に、奴隷にされた気分でした。週給はアメリカからもち込まれた制度で、米国のブルーワーカーはみな週給で暮らしていました。つまりアメリカ人の多くは奴隷だったのです。それに気づきました。

　そこでアンケートです。月給制がいかに自己をコントロールする力を生み出すか、物事に1カ月単位で臨むことがいかに生活を計画的にするか、自分の行動をいかに新しい領域でつくり出せるか、それを数限りなく説明するのです。そして、「さあ、週給と月給と、どっちがいい？」と全員に聞きます。

なんと、どの会社で聞いても、どのクラスでやっても、答えは同じでした。彼らのすべてが、「週給がいい！」と手を挙げました。ボクは暗澹たる気持ちになりました。日本人の精神の強さや、自負心の強さ、そして計画性のち密さや確かさは、間違いなく月給制によって担保されていたのです。普通の日本人には決して知りえない気づきでした。絶対にアメリカの真似をしてはいけません。日本に週給制が入ってくるときは、日本が滅ぶときです。日給で生きている日本人は、すでに滅んでいるでしょう？

| 黄金のコラム | 英語と哲学のニューウェーブ ③ |

自動詞は
半人前の兄ちゃんダ！

　自動詞と他動詞の識別は、英語を話すときも読むときも、実は非常に重要です。しかし英会話の初期段階では気にしなくても大丈夫です。大きな問題にはなりません。ところが次第に話すことに慣れてくると、両者の違いが気になりだします。

　英語を読むだけなら解釈するだけですから、英語自体をいじることはありません。つまり安全圏にいて英語に触れていることになります。しかし英語を話すとなると、自分の責任で英語を口から出すのですから、もし間違っていたら自分の責任です。もちろん間違っても殺されることはありませんが、それでも疑念が頭に残り、スッキリしない状態が続くことになります。英語を話す行為は、読んでいるだけでは気づけない多

くのことに気づくことになります。

　日本語の場合、自動詞と他動詞は語形の上で違っています。以下は日本語です。

自動詞	開く	閉まる	始まる	終わる
他動詞	開ける	閉める	始める	終える

　以上のように、日本語の自動詞と他動詞は語形自体が違います。「開く」は五段活用で、「開ける」は下一段活用ですから、語尾の活用も違います。ところが英語ではこうはいきません。

自動詞	open	close	start	finish
他動詞	open	close	start	finish

　上記のように、英語では、自動詞と他動詞がほとんど同じ形です。英和辞典では自動詞を［自／vi.］などと表記し、他動詞は［他／vt.］などと表記してあり、視覚的に確かめられるようになっていますが、会話の場合、いちいち辞書で確かめるなんてことはできませんから、両者の違いを一瞬で判断できる知識をもつ必要があります。基本的に識別は簡単です。

I eat sandwiches.	eat は他動詞	sandwiches は目的語
I sleep.	sleep は自動詞	目的語はなし

　つまり他動詞では動詞の直後に名詞があって、その名詞が目的語です。しかし自動詞は目的語をもてません。もてないというより、もつ必要が

ないのです。「ボクは寝る」だけで十分な sleep の使い方になるからです。「万歳、これで識別は OK だ」とは、しかし、言えません。なぜなら、いくら自動詞とて、I sleep. で終わる英語はまれだからです。実際は I sleep on a sofa every night. みたいに、動詞の後ろにいろいろな語が並んでゆくからです。

　I sleep on **a sofa** every night. の a sofa は目的語ではありません。「やばい！」、「オレ、ここから英語が分からなくなったんだ！」と思った人はたくさんいるはずです。そうです、ここから厄介な問題が発生していたのです。「この場合、a sofa はなんなの？」という疑問が湧くはずです。当然です。実は a sofa はその前の on と一体で理解して、on a sofa は補語の役目を果たしているぞと理解すべきなのです。でも今度は、「**補語**っていうけど、何を**補**っている語なの？」という疑問が湧くはずです。実はこの文では、「私」は「ソファーの上に」いるわけです。つまり、「主格」の状態を補足し説明しているわけです。だから、この文の on a sofa は「主格補語」と呼びます。

「な〜るほどね。なんかゴチャゴチャ、理窟っぽく理解するんだ！」という気にはなったはずです。まあ、学校ではこんなふうに教えているはずです。でも、理解をここで止めるなら、自動詞と他動詞の識別にはあまり役立ちません。もう一歩突っ込んで理解すべきなのです。

| I opened the book. | ➡ opened は他動詞　本を開いた |
| I opened to the page 25. | ➡ opened は自動詞　25ページを開いた |

上記の二つの文をよ〜く比較してみてください。何が違うでしょう？他動詞の open は説明したとおりです。何の問題もありません。問題は下の open、つまり自動詞として使われている open です。この open は［the page 25］に何か要求していませんか？　そう「**手土産**」を要求しています。「オレは自動詞と呼ばれているように、もともと一匹狼。だから家来は嫌いなの。でもどうしてもオレの家来になりたいんなら、キビ団子くらいもってこいよ！」と主張する習性があるんです。だから、**to** the page 25 となり、［the page 25］は**前置詞の to を「手土産」にして自動詞 open に従っている**のです。ですから、自動詞と他動詞の区別は前置詞の有無で判断します。

名詞が、「手土産」なしに動詞の直後にあれば、その動詞は

　　　　　　　　　　　　　　　　　　　　　　➡ **他動詞**

名詞が、「手土産＝前置詞」を伴って動詞の後ろにあれば、その動詞は

　　　　　　　　　　　　　　　　　　　　　　➡ **自動詞**

　これで識別の困難は解決です。

　動詞と名詞の間に前置詞が介在していれば、それは目的語ではなく補語であり、その動詞は自動詞です。上記は戯画的な喩えでした。分かりやすいイメージでしょう？

　これをもっと戯画風に再定義してみます！　笑って読んでください。

他動詞はちゃんと結婚していて、奥さんも子供も従えている**立派な「お父さん」**。他を支えることが使命です。家族に変なものは要求しません。一方、**自動詞**はいわば**独身男性**。まだフラフラ、チャラチャラしていて、彼女と同棲していても、彼女の収入に頼っている半人前。**自動詞が要求する前置詞**は、いわば半人前の兄ちゃんが当てにしている**彼女の稼ぎ**。自動詞の get なんかに格好いい表現が多いのも、独身の兄ちゃんが髪型や服装に凝って格好ばかりつけているのになぜか通じています。言葉と人間って、どうしてこんなに相似形なのでしょう？　この理解、おもしろいと思いませんか？

＊SVC の文型に出てくる「補語」の完全な説明は、第5巻『This is a pen は、魔法だった』で行う予定です。

| 黄金のコラム | 英語と哲学のニューウェーブ 4

I believe in God.
なぜ in がつくの？

目の前の相手に向かって、「君を信じる」、と英語で言う場合、I believe you. と言います。しかし宗教や信仰の話をしていて、「僕は神を信じる」と英語で言う場合は、I believe in God. と言います。最初の believe は他動詞で、後者の believe は自動詞です。確かに後者の believe は前置詞を伴っています。

でも、どうして I believe God! と言ってはいけないのでしょうか？

英語で「神を信じる」と言う場合、神は動詞の目的語にはなれないのです。しかし、どうしてなのでしょう。日本語では「僕は君を信じる」も、「僕は神を信じる」も違いはありません。日本語では「神」も「信じる」の目的語です。一体、日本語と英語の間にはどんな見えない違いがあるのでしょう？　これは昔から思っていた疑問です。しかし、必要以上に深く考えたことはありませんでした。ですから、ここでは必要以上に深く考えてみることにします。

　You と God の間にはどんな違いがあるのでしょう。

　ちなみに、I believe in you! という言い方はありえます。この場合には I believe you. のニュアンスとはちょっと違います。I believe in you! と言う場合には、「嘘を言わない君。僕が今まで信じてきたとおりの変わらない君、そういう僕の心のなかの君を信じる」という意味になります。かなり意味深なニュアンスですが、これを中間項とすれば、I believe you! と I believe in God! の溝も少し縮まるような気がします。

　基本的には、この問いはいまだ謎のようです。ちゃんとした答えを見たことがありません。ジーニアス英和辞典では、I believe in God! の believe in を「存在を信じるときの表現」と説明していますが、違うと思います。そんな中途半端な説明で終わるような問題ではないと思います。

　ボクの武器はいつも哲学ですから、この問題も哲学的に考察してみました。

西洋人は、いえ、少なくとも英語を生んだイギリス人は、眼に見える
もの、物理的な外形をもつ「物」を一般的に目的語として理解していた
と思われるのです。「物」とはまさに目に見えるもの、手で触れ得るも
の、外形や質感を伴った五感の対象になりえるもののことです。そうい
うものを普通は英語の目的語として扱っているのだと思われます。です
から当然のことですが、I believe you. と言う場合には、その you は
自分の目前にいる you であり、手で触れることもできる you というこ
とになります。

　ですから、既述したように、I believe in you. と言った場合には、
『ジーニアス英和辞典』では「君（の人格）を信じる」などと訳してい
ますが、少々不十分です。もう一歩突っ込んだ理解をしなければならな
いはずです。つまりこの場合の you は、僕の心のなかにいる you、こ
れまで僕の信頼を裏切ることのなかった you、目で見る対象でも五感
の対象でもなく、信頼しているとおりの you、そういう「君」を信じ
るという意味になるはずです。「人格」と訳して間違いではないのです
が、「物理的存在ではない君」という絶対的な理解が欠けていたら不十
分ということになります。まさに「僕の心のなかの君を信じる」という
意味が、I believe in you. になるはずです。

　とするならば、I believe in God. と God の前に前置詞 in を置いて、
God を他動詞の目的語として扱うことを拒否していることの意味は、
**「神は五感を超えた存在であり、物理的な存在ではない。少なくとも心
のなかに在る存在だ！」** という理解が意識的に表明されているのではな

いでしょうか。イギリス人は目に見える存在と、目に見えない存在を歴然と区別していたはずです。なぜなら、そもそも西洋文明では「物心二元論」が世界認識の根本だからです。それはアリストテレスに連なる伝統です。彼らは物と心を徹底して峻別します。ですからこれは西洋文明の帰結を表明している言い方のはずです。こういう根本的な発想が、他動詞と自動詞を使い分けることに反映しているのではないでしょうか。この物と心を峻別する強いこだわりが西洋の物質文明を作ってきたのであり、そこへの過信は日本人にはうかがい知れない世界です。

　日本語では目に見えるものも見えないものも区別しません。日本人は山を見ても、樹を見ても、そのなかに超越的ななにか、つまり生命力のようなものを感知しますから、目に見えるものと目に見えないものはその生命力のようなもので連続的につながっていると無意識的に理解しています。それが日本人の生命感であり、「存在」への理解です。日本人の発想と西洋人の発想は水と油ほども違うのです。だからこそ、彼らは絶対 I believe God. とは口が裂けても言いません。どうしたって I believe in God. と認識の違いを表明せざるを得ないのです。これは彼らのこだわりです。Inをつけるのが正しいということではありません。所詮は英語のこだわりにすぎません。ボクはそう分析します。

　そうそう、Please open the book. と言うときはその本は目の前に「物体」として存在しています。しかし、Please open to the page 25. と言うときには**25ページはまだ眼前にありません**。心のなかの想定でしかありません。だからこの場合は自動詞。これはボクの想像的解釈です。

言葉を学び、言葉を理解することは、参考書を丸暗記したり、辞書の訳を信じるだけでは終わりません。言葉は人間の知的活動の結晶ですから、しかもそれを結晶させた西洋文明と日本文明の背景は違うわけですから、その両方の違いを包括的、複眼的に見る視点がなければ英語のルールとて、本当の意味は浮かび上がってこないはずです。英語は、英文法の知識だけで完結しないことを再自覚すべきでしょう。英語を哲学する意味はここにあります。

　UFO の場合も believe in だそうですが、これは UFO が Unidentified Flying Object（未確認飛行物体）と定義されている以上、目で確認された物体とはまだ万人に了解されていないことから来ている結果でしょう。しかし「オレは現実に見たぞ！　だから UFO は、オレの場合 I believe UFO! だ」、とこだわっている人は多いのではないでしょうか。ちなみに、ボクも見ました。埼玉に住んでいたとき、丸い円盤の底が上空に二つあって、底の全面に広がる卍形の赤い光を点滅させていました。20秒間くらいは空にありました。他にも目撃者はいました。そして、それは、一瞬で消えました。So, I believe UFO!

マニラにいた、20人の日本人

　ポルトガル人のマゼランがスペイン国王の支援を受けて西回りで、つまり南アメリカ大陸南端を通り抜けて大西洋から太平洋へ出て、そして

フィリピン群島にたどり着いたのが1521年。そのマゼランがセブ島の隣のマクタン島で住民に殺されたのは有名な史実。その後スペインが本格的にフィリピン征服に乗り出したのは1565年、ミゲル・ロペス・デ・レガスピを同地へ送り込んでからのこと。日本ではレガスピの名は知られていませんが、フィリピン人にとってはマゼランと同じくらい忘れがたい存在です。

　大航海時代の征服者のことをスペイン語でコンキスタドール（Conquistador）と呼びますが、レガスピはまさにそのコンキスタドールの典型でした。彼らは当初セブ島に陣地を築いたが思うように食糧を集められず、となりのパナイ島に陣地を移しました。しかし事態は変わらず、彼らはさらに良好な地を求めていました。彼らは北に大きな島があると知り、5年後の1570年、ルソン島制圧に乗り出します。

　以下は歴史的記述なので文体を変えます。

　遠征隊の総隊長はマルチン・デ・ゴイチ。副隊長はレガスピの若き甥ホアン・デ・サルセード。彼らの名を知らぬフィリピン人はいない。彼らがマニラ湾にたどり着いたとき、その湾を「門のある小さな海」と形容したが、それは的確な形容だった。マニラ湾は巨大な円盤のような自然の良港で、その内側はいかなる嵐からも無縁だった。船上から目に入る海岸線は延々となだらかで、どこからでも上陸可能。湾にはパシグという名の広い川も流れ注いでいた。マニラという名前は元々は「マイニラ」で、「ニラの生えた土地」の意味。ニラとは真水と海水の交わるところに生えるマングローブのこと。パシグ川河口を形容した地名だった。

そこはイスラム教徒の住む土地で、当時のマイニラには40ほどの村落がかたまり、約2000人の住人が住んでいた。スペイン人はパシグ川河口から小舟で入り、川の両サイドを偵察した。河口近くには４隻の中国船が停泊していたが、彼らは中国本土から日用品を運び込んでいる商人たちだった。ゴイチは土地の族長に通訳を送り、友好を求めた。

　土地の人間は戦うことを恐れるような人々ではなかったが、その彼らにゴイチはいきなり「貢税」の支払いを求めた。「貢税」を求めるということは、服属を要求しているのと同じことになる。西洋人のこの感覚が分からない。土地の人間たちは当然態度を硬化させ、一触即発の状況になる。しかしゴイチは友好を求めているだけだと言いつくろい友好の儀式を求める。イスラム教徒はモロ族と呼ばれていた人々。ゴイチは一世一代の大見えを切ってモロの族長の血を混ぜたワインを飲み干した。族長もゴイチの血を混ぜたワインを飲み干し、そうして友好の儀が成立。日本のヤクザの義兄弟の儀式と似ていた。

　ゴイチはそのすぐあとに、マイニラ湾岸の村々の地図を求めた。西洋人は獲物に逃げる余裕を与えない。兄弟杯を交わした直後だから、モロの族長はすなおに40に及ぶ村の名前と位置を教えてしまう。

　スペイン側からの戦端が開かれたのはその翌日。その前日の夕刻、マイニラ湾に停泊していた旗艦サン・ミゲル号の甲板上で、火縄銃を握りしめたスペイン兵が湾に沈む壮麗な夕陽を目にしながら、「血塗られている」と叫んだのは史実です。一次資料にそう書いてある。

スペイン軍の大砲は海上に撒き散らされたようなモロの船団を蹴散らし、陸上の村々にも打ち込まれ、逃げ惑う人々の村々を破壊した。上陸したスペイン兵は村々に火を放ち、住民は手当たり次第に殺害された。こうして、マイニラの地はスペイン人の手中に落ちた。

　戦闘の途中で分かったことは、モロの住民に混ざって40人の中国人と20人の日本人がすでにそこにいたこと。20人の日本人のうちの一人が、戦端が開かれる前にスペイン人に接触し、ロザリオが欲しいと言ってきた記録が残っている。彼はパブロを名乗り、頭にはイエズス会の帽子を被っていたという。日本ではすでにポルトガル系のイエズス会がキリスト教を広めていたから、それはありうることだった。ポルトガル系のイエズス会と、スペイン系の他の修道会はその後日本国内で近親憎悪に近い激しい諍いを展開するが、フィリピン群島内でもイエズス会は孤立し、やがて排斥されてゆく。その淵源がすでに1570年のマイニラの地にあった。

　マイニラ制圧から間もなく、総隊長マルチン・デ・ゴイチはスペイン国王の名においてルソン島の領有を正式に宣言。そして翌1571年、レガスピもパナイ島からマニラへ移り、マニラを群島の首都に組織づける。数年後、マニラは「王立特別市」の称号を得、ルソン島自体も「カスティリヤ新王国」と名づけられた。コンキスタドール・レガスピ自身はマニラ総督兼総司令官の称号で正式に現地の行政権と軍事権を行使し始めたが、司法権もそこに含まれていたことは言うまでもない。スペイン総督は唯一の三権の長だった。ありとあらゆる汚職と腐敗がそこで育った。

| 黄金のコラム | 英語と哲学のニューウェーブ（6）

ルソン島にいた
日本人海賊

　ときは1582年、スペイン人がフィリピン群島を正式に植民地化し始めてからすでに10年が経っていた。スペイン軍は偵察の艦隊をルソン島北部へ向けて送り出した。旗艦のサント・フセペ号に5隻のフラガタ船が随伴し、目的はカガヤン川に巣くう日本人海賊を討伐することだった。

　カガヤン地方はルソン島最北端で、今日もカガヤン川が、深いカガヤン渓谷を通り抜け、背後の険しい山脈から海に流れ込んでいる。その地で、この時代にスペイン人と日本人が遭遇した生々しい記録が残っている。日本人に知られることのない記録なので引用してみる。

「カガヤンに近いボルガドール岬を廻った、ある澄み渡った朝のこと、一隻の日本船らしき船を発見。提督ホアン・パブロは自らが乗った旗艦でその船に戦いを挑んだ。提督は日本船のメインマストを打ち砕き、数名を戦死せしめた。日本人は鉄の刀を握りしめ200人がわがガレー船になだれ込んできた。わが軍は槍と火縄銃で武装していた。わが軍の60丁の火縄銃が火をふいた。結局、敵はメインマストだけはわがガレー船を征服したが、わが兵たちもありったけの抵抗をつくし、日本人たちを彼らの船に追い返した。彼らは手にしていた鉄の武器を捨て、まだ残っていた前檣三角帆（船の前のマストの三角帆）を引き上げた。この瞬間、わがサント・フセペ号は敵を撃退したのであり、わが大砲と戦力は日本

人に打ち勝った。日本人はたった18人になるまで果敢に戦ったが、とうとうあきらめ、為す術をうしなった。わがガレー船中にいた者はみな殺された」[1]。

　スペイン軍の艦隊はさらに進む。そして太平洋戦争最末期、ルソン島を北へ北へと敗走していた日本兵が最後に追い詰められたカガヤン渓谷河口域の、そのおなじ場所に砦を築いていたのが日本人海賊だった。それをスペイン軍が発見したのである。また引用してみる。

　「提督ホアン・パブロはカガヤン川に向かい始めた。するとその河口付近で11隻の日本船と砦を発見した。提督は北側の岸辺に船を寄せて進ませた。河口付近の川幅が１リーグ（約5.5キロメートル）もあったからである。サント・フセペ号も河口近くに差し掛かっていた。と、小さいフラガタ船に乗っていた一人の兵士が悲痛な声で叫んだ。兵士は船長に向かって絶叫していた。『戻れ！　マニラに戻るんだ！　全船が戻るんだ。川に1000人の日本人がいる、多数の鉄砲ももっている。わが軍はほんのわずかだ！』」[2]。

　スペイン軍はただちに進路を変え逃走した。しかし、マニラに援軍要請の１隻を送り出したあと、スペイン艦隊は果敢にも進路を戻し、カガヤン川の中へ進入していった。そして双方で激しい戦闘が展開された。スペイン軍は敵の一斉攻撃を受けつつも、上流の土手に兵たちを這い上がらせて砦を築き、なんとか持久戦の体勢をつくり上げた。戦いを持久戦にもち込んだ上で、提督は日本人に退去を求めた。すると彼らはその代償として黄金の支払いを求めてきた。日本人は要求が拒絶されると最

後の戦いを挑んできたが、スペイン側は待っていた援軍を得て日本人海賊を敗北せしめてしまう。日本の総大将「タイフーサ」は必ず仕返しに戻ってくると言い残し、カガヤン川から敗走していった。

　カガヤン川に「1000人」近い海賊が巣くっていたことは疑いない事実です。しかし、彼らは一体どんな日本人だったのでしょう。「タイフーサ」とも「タイスーフ」とも呼ばれた海賊の頭目は本当に日本人だったのでしょうか。彼らはルソン島に巣くっていた「倭寇」だったと考えられています。「倭寇」とはもちろん日本人海賊のことですが、彼らがカガヤン川の河口で砂金を掘っていたことは事実です。

　「倭寇」は、歴史的には前期倭寇と後期倭寇に分けられます。前期倭寇の活動期は14世紀から15世紀で、この前期倭寇の実体は間違いなく日本人。南北朝の騒乱で困窮した北九州の農民や御家人が武装して朝鮮半島沿岸部を襲ったもの。その主要な基地は対馬、壱岐、肥前松浦で、これら3地域の倭寇は「三島倭寇」と呼ばれもっとも恐れられていました。しかしこの前期倭寇は1419年、李氏朝鮮の対馬逆襲を契機に一気に衰退します。

　これに対し後期倭寇は16世紀に暴れ回った海賊で、この海賊の実体は中国人。中国人自らが中国沿岸部や内陸を襲ったもので、前期倭寇とは別物だった。ただし彼らは日本人に偽装していた。彼らは日本の武士のように前頭部から後頭部にかけて頭髪を真ん中だけ剃り、剃ったあとの髪は左右にバッサリと垂らし、さらに顔には黒い漆を塗りたくって、外見上は本物の倭寇と見分けがつかなかった。そして、もう一つ厄介な

ことは、その後期倭寇の中には３割から１割の本物の日本人倭寇も混ざっていたことだった。彼らは「真倭<ruby>真倭<rt>しんわ</rt></ruby>」と呼ばれていた。「真倭」の出身地で一番多かったのが薩摩、肥後、長門。その他に大隅、筑後、博多、日向、摂津、紀伊等、九州一円と瀬戸内沿岸の多くの日本人が「真倭」として中国人に紛れ込んでいた。

後期倭寇の最末期、リマホンと呼ばれた中国人海賊が、1574年、マニラに襲いかかり上陸を果たす。もちろん防戦したのはスペイン軍だが、そのリマホン率いる3500人の海賊集団の第１陣指揮者は、「シオコ」と呼ばれた日本人の副将。これも日本人の知らない歴史。歴史の背景には、我々が学校で習わない無限に多くの歴史があり、史実がある。

| 黄金のコラム | 英語と哲学のニューウェーブ (7)

Tondo Conspiracy

Conspiracy、日本語に訳すと「陰謀」。歴史は「陰謀」でつくられる。人間の歴史は洋の東西を問わず、「陰謀」によってつくられる。最近の日本では「陰謀」という言葉は、笑いを誘う契機でしかなくなっているが、笑いを誘うように仕向けていること自体がすでに「陰謀」。そこを見抜けないと、笑い話以下になる。知的覚醒は、それが足りないと自己を殺す。

フィリピンの歴史には日本人が関わった「陰謀」が存在する。日本人の誰も知らない「トンド・コンスピラシー」と呼ばれている歴史的事実

だ。

　1587年、マニラに君臨するスペイン総督の親書を携えてスペイン人がブルネイを訪れた。そしてそのスペイン使節の3人が夜中に襲われ殺害された。そのなかの一人はフランシスコ会の宣教師だった。衝撃を受けたマニラのスペイン総督はただちに事件の背景を調べ、心臓が止まるほどの衝撃を受ける。

　マニラのスペイン総督サンチャゴ・デ・ベラは調査結果を自ら書き、本国の国王に事実を報告した。その報告の一部をまた引用したい。「当群島の多数の首長たちが、彼らを支援する陰謀をめぐらしていたようです。つまり当群島の首長たちがこの陰謀の共謀者なのです。彼らが謀議をめぐらし、その計画をブルネイにもち込み、ホロ島やミンダナオ島の首長らを巻き込んで、さらには当市の我々に敵対的な多数の外国人をも巻き込んで、反乱を起こし、我々を殺そうとしていたのです」(3)。そう核心部を明かす。

　陰謀の震源はブルネイではなくマニラだった。当時、マニラ市をぐるりと取り巻く郊外はトンド州と呼ばれていて、そのトンド州の有力者たちが謀略の首謀者たちだった。その中心人物はドン・アグスティン・デ・レガスピという人物で、インディオの彼がスペイン名を名乗っていたこと自体、彼が相当の実力者だったことを証拠立てていた。

　謀議の中身はこうだった。ブルネイ王家の一行がマニラへやってきて、スペイン側指導層に招待されて家に入ったところで豹変し、スペイン

人を皆殺しにする手はずだったという。もしスペイン人が計画を見抜いて要塞に逃げ込んだなら、群島の住民も一緒に要塞に逃げ込み、今度は住民が豹変してスペイン人を皆殺しにする計画になっていた。そのときには、ホロ島やミンダナオ島の首長たちも支援に駆けつけ、群島におけるスペイン人支配を終わらせる計画だった。

　興味深いのは、この反乱がイスラム教徒によって引き起こされようとしていた点である。ブルネイも、ホロ島も、ミンダナオ島も、そしてマニラも元々はイスラム圏。とりわけトンド州には有力なイスラムの首長らがたくさんいた。

　そして、もっと興味深い点は、国王への報告の中に「当市の我々に敵対的な多数の外国人」とあったが、その外国人が日本人だった事実。当時、日本船が交易目的で多数日本からマニラへやってきていた。その日本船の中のある船長が「大量の盾や火縄銃をブルネイの副王に送り」、この反乱のための武器輸送に加担していたという。日本船はこの蜂起に向けた武器の輸送と隠匿の要を担っていた。

　その日本人船長が知らずにマニラへやってきた。そしてただちに身柄を拘束された。名をホアン・ガヨとスペイン名で呼ばれていたが、証拠は不十分だった。しかし、ディオニシオ・フェルナンデスと呼ばれていた別の日本人通訳は「マニラ市の広場で首を吊られ、殺された」と記録にある。もちろん住民も多数逮捕され、20人がメキシコに追放され、首謀者4人はマニラで処刑された。ドン・アグスティンとマルチン・パガは「首を斬られ、その首は鉄籠に入れられ、断頭台に置かれて衆目に

曝された」(4) とある。

　これがトンド・コンスピラシーの全貌。スペイン人から見ればまさに「陰謀」。針の先ほどの小さな「陰謀」だが、史実であり、歴史の実像です。

　私たちは歴史を読む目、現実を見抜く目を鍛えるべきでしょう。過去は消えません。過去を織りなした人間の欲望は、なんら減ずることなく今を生きる人間の心のなかにももち込まれているからです。針の先ほどの「陰謀」でも、その意味を見抜く目さえもっていれば、現代の「陰謀」も見抜けます。人間の歴史が「陰謀」と無縁で生まれることなど一切ないのです。絶対にありません。もし「陰謀」のない物語を信じているとしたら、その人はすでに「陰謀」の罠にはまっています。

「陰謀」は、それを「陰謀」とは認識させない二重、三重の「陰謀」を放ち続けます。ですから「陰謀」はどんどん戯画の様相を呈してゆきます。その極みとも言える状況こそ、今、我々の生きる現代でしょう。なぜなら、人間が織りなす支配と独占の欲望がこれほどまでにスケールを拡大してしまったなら、その全体像をフレームアップ（frame-up ／でっち上げ）しようとする人間の思考は戯画化するしかないからです。当の本人たちすらそれに気づけません。気づけるのは、人間を丸ごと「戯画」をつくる程度の存在だと見抜く知力しかありません。「陰謀」と聞いて不意に笑う大衆の心の中身は、単なる知的怠惰です。「陰謀」が避けがたい人間の性（さが）であり、業（ごう）であることを踏まえ、文明の質とベクトルを異にする連中に潰されないために、「話す英語」を獲得せんとする意

志こそは、その対極にあるべき砦です。日本人が「話す英語」に向かう意志は、そういうタフな認識に根ざしているべきだと思うのです。歴史にまつわる三つのコラムを強引に英語に結びつけたこの手口、これも「陰謀」かも？

| 黄金のコラム | 英語と哲学のニューウェーブ（8）

In God we trust

I believe in God 絡みの話はけっこう深いです。これに似た言葉で、フィリピンで目にとまった言葉は In God we trust でした。この言葉はフィリピン中で目にすることができます。特に目にするのがジープニーと呼ばれる小型乗合自動車のフロントグラス（Windshield）の上。ガラスの上に飾り文字で「我々はクリスチャンだ！」とばかりに誇らしく書かれています。

実はこの標語、アメリカから来ています。フィリピンはアメリカの植民地でしたから頷けます。アメリカではこの標語は国家を象徴する標語です。国歌「星条旗」の中でも謳われており、米ドルの硬貨に刻印され、紙幣にも印刷されました。しかしこの In God we trust は少々考察を要する言葉です。

この標語は、アメリカ独立戦争のあとに起こった米英戦争の最中に書かれた詩がもとになっています。作者はフランシス・スコット・キーという当時その戦闘に加わっていた人物。彼はメリーランド州ボルチモア

にあった「マクヘンリー要塞」で英国軍と戦っていました。そして人質の解放を求めて向かった英国の艦上で拘束されます。彼は両軍の激しい戦闘の夜を敵艦のなかで過ごしたのですが、翌朝、彼は味方の要塞が激しい攻撃にも落ちず、翩翻と星条旗をひるがえしている光景を目にします。そして霊感を受けたように一篇の詩を書き上げます。その詩が後にアメリカ国歌となるのですが、表題の一節はその詩から来ています。

　さて問題は、In God we trust の意味です。一番素直な読み方はWe trust in God の倒置として読む読み方です。この場合 trust は前置詞 in を伴っているので自動詞になり、We believe in God とほぼ同じ意味になります。所詮は「神を信じる」と、「神を信頼する」の違いですから。

　しかし、フランシス・スコット・キーの原詩を確認すると、これはIn God is our Trust でした。アメリカ国歌でもきちんと In God is our Trust と表現されています。これは We trust in God の倒置と考えて済む問題ではありません。原詩はあくまでも In God is our Trust なのですから。In God は God の処格であり、それが主語として使われているのですから、つまり「神の中にあることは〜」という意味になります。そして be 動詞によってその主語は補語と同置されていますので、主語の後ろは、「我等の互いの信頼です」となるわけです。

　米国歌「星条旗」のなかの In God is our Trust. の和訳をいろいろ調べてみると、「我等の信頼は神の中にある」などと訳されています。間違いではないと思います。しかし厳密に訳すなら、「神の中にあるこ

とが、我々の互いの信頼だ」という意味になるはずです。主語と補語を
ひっくり返す必要はないでしょう。ここに一つの問題があります。

　ですから、In God we trustに戻ってこれを訳す場合、たとえば『ジ
ーニアス英和辞典』では、「我らは神を信じる」と訳してありますが、
原詩を踏まえるかぎり、これはこういう意味ではないことになります。
前置詞の in はあくまでも In God の in であって、trust in の in ではな
いからです。マニラでこの標語を何度も目にしていたとき、当時から、
ある種の厄介さを直感していました。

　イギリス本国からアメリカ大陸へ渡った人々は、本国の王権神授説的
な信仰観念に我慢がならず、その現世的で打算的な神観念に拒絶反応を
示した人たちでした。彼らのキリスト教観念は異常に潔癖で、それ故に
「ピューリタン（潔癖家）」と呼ばれた人たちであり、彼らを「清教徒」
と訳すのは実は訳しすぎです。「聖書に書かれている神のみが真の神だ」
とばかり、妥協を許さないその信仰態度は既存の信仰に満足する人たち
から浮き上がり、本国における流血にまみれた迫害の果てに、彼らの一
部は一旦オランダへ逃げました。しかし追手はオランダにまでやってき
たので、彼らは本国の同志から資金を集め、メイフラワー号をチャータ
ーして北米へ逃げたのです。

　その果ての戦いが独立戦争であり、そして「マクヘンリー要塞」でし
た。In God we trust という詩の一節は、そういう生死をかけた信仰
上の戦いの延長線上で生まれた一節です。

さあ、そこです。彼らピューリタンは、自分たちこそ「聖書」に基づく真の信徒だという不動の信念をもっていました。その彼らが自分たちを、砲弾飛び交う戦いのなかで、自らを単に、「我等は神を信頼する」などと気の抜けた表明をするでしょうか？　だって、敵軍の連中だって神を信じています。そう考えるなら、原詩を受けた In God we trust を単純に We trust in God の倒置と読み解くことは十分ではないはずです。この指摘は動かないと思われます。これが最初の指摘。

　もう一つの指摘も意識化されます。それは In God という表現の厳密な意味です。そもそも単に God is our Trust でもよかったはずです。どうして In にこだわったのでしょう？　彼らは敵軍の連中や本国の打算的信仰に生きる人々を「神を信じない者」とか「神の中にいない者」と理解していたでしょうか？　本国の国教会系の連中は In God ではなく、Out of God だとは思っていなかったでしょう。彼らとて In God の民であるとの認識はあったはずです。とするなら、In God の真の意味は単に「神の中にあること」ではなく、**「信仰を共にする同じ神のなかにあること」**の意味だったはずで、その自覚が**「我等の信頼だ」**だったはずなのです。

　素直に読めば、これで考察は終わりです。しかし In God の In は、この表現に潜む別の危うい意識にも気づかせてくれます。メイフラワー号で新天地へ渡ったピルグリム・ファーザーズ（巡礼父祖。ピューリタンの最初期の移住者たち）たちは、その半数が船中で死に絶えました。その過酷さは想像に余りあります。命がけで新天地へ渡った人々の生存現場がいかに過酷なものであったかは十分想像する必要があります。そ

れだけに、彼らの信仰上の一体感は「マクヘンリー要塞」にまで引き継がれていたに違いないのです。

　しかしです、いえ、だからです、In God という言葉に固執する意識は尋常ではないのです。北米へ渡った人々が自分たちを「In God の者」と自己規定した結果をどこまで厳密に考えたのでしょう。彼らが自分らを「In God の民」として理解した瞬間に、その他の人間はどうなるのでしょう。厳密には彼ら以外の人間は「Out of God の民」になるのです。ロジカルにはそうなります。そうなる論理的帰結をうすうす感じながらも、In God is our Trust と思考を停止させてしまうその大胆不敵な判断の果てには、実は、自己否定しかないのです。それはキリスト教で救われる人間がこの地上にいなくなることを意味します。

　なぜなら、人間の恣意的な神観念で神はどんどん別の観念に変化し、人間は他を否定するロジックから永遠に抜け出せなくなるからです。だって「同じ神の中にある者」とて、少しでもその神観念に違いが生じたときには、その違いにこだわる仲間同士は、互いに新たな「Out of God の民」になってしまうことになるからです。観念的なことを言っているのではありません。現実を言っているのです。プロテスタンティズムのこの原理的な自己矛盾は、アメリカにおけるプロテスタンティズムの歴史によって証明されています。米国のプロテスタンティズムは際限のない教派的分裂や細分化をくり返しました。これをデノミネーション（Denomination）と呼びますが、この分裂の歴史的事実によってそれは証明されています。イスラム教徒はどうなるの、ヒンズー教徒はどうなるの、仏教徒はどうなるの、彼らは「神の外にいる人たちな

の？」という小学生でも抱く疑問に彼ら自身が直面したのです。しかし彼らに解法はありません。米国における新教のデノミネーションは、所詮こういう自己矛盾から帰結した現実でした。

In God we trust と、In God is our Trust の意味は違います。しかしこの二つは根っこが同じです。その根っこの中に厄介な問題が隠れていました。アメリカ国歌「星条旗」の一節にある In God is our Trust の和訳は難しいのです。ですから、そこから生まれた In God we trust という標語も、「我等は神を信頼する」と文法だけで片づけて済む問題ではありません。言葉には文法だけで片付かない部分もあります。

マニラでこの言葉を最初に目にしたときから、In God の In に強烈な違和を感じ続けていました。これは日本人の汎神論的な意識からは絶対に出てこない言葉だったからです。

| 黄金のコラム | 英語と哲学のニューウェーブ ⑨

もう一つの アンケート

日本語を教えながら、日系企業でとったもう一つのアンケートがあります。それは、フィリピン人は輪廻転生（Reincarnation）を信じるかという問いかけです。この問いかけは、クリスチャンであるフィリピン人に対しては無意味な問いだと識者は思うはずです。キリスト教の観念の中に輪廻転生の観念などないからです。彼らにこういう問いかけをすること自体、「何を考えているの？」という疑念になるはずです。

でも、そんな疑念は百も承知でこう問いかけるのです。それにはそれだけの根拠があります。

　フィリピンの映画やTVドラマを観ていると、その筋のなかに無数の化け物や幽霊や妖怪が出てきます。彼らはその霊力を使って人々を苦しめ、恐怖におとしめ、絶望の淵に追い込みます。そして善良な人々の生活や人生を破壊しようとします。中にはそれら幽霊や妖怪に魂を奪われ、それら諸々の怪物が善人の肉体に入り込み、善良な人間が悪魔と化す場合もたくさん出てきます。もちろんエクソシストみたいな人間も登場します。

　しかし、筋がどんなに複雑でも、実はすべてのドラマはとても単純です。最後は決まっているからです。絶望のどん底でそれら悪鬼や妖怪に打ち勝つのは十字架だからです。ドラマのなかの美男美女の主人公は、最後の最後に、それら妖怪や化け物に十字架を向け、その十字架と化け物が対峙するように追い込むと、妖怪や化け物は叫び声をあげて逃げだします。憑依した霊が人間の体から逃げ出してゆくのです。最後は必ず、キリスト教、十字架の勝利で終わります。「めでたし、めでたし」です。

　日本の勧善懲悪ドラマ、「水戸黄門」や「暴れん坊将軍」みたいなエンディングです。ボクはこの見識（？）がありますので、それを踏まえてアンケートをとるのです。「君たちは輪廻転生を信じるか？」と。

　もちろん、輪廻転生のインド的観念をくわしく説明します。仏教の六

道輪廻の観念は馬鹿げていますから、そんな子供だましの輪廻は説明しません。もっと厳密な、大人に向けたインド哲学の観念を説明するのです。そしてこうつけ加えます。「君たちがキリスト教を信じるようになったのは、いつからですか？」と。「レガスピやマゼランがフィリピン群島に来る前、フィリピン人は何を信じていたのですか？」と。「イスラム教がこの島々にやってくる前、この島々に住む人々は何を信じていたのですか？」と。

　この質問を受けて、彼らの表情は余裕のある表情から真顔に変わります。しかしこういう質問をされて、怒り出すフィリピン人はまずいません。西洋人なら怒り出すでしょう。そして喧嘩になるでしょう。お酒が入っていれば血を見るかもしれません。しかしフィリピン人は醒めています。ボクは彼らのその醒めている意識を知っていますから、意図的にこういう質問をするのです。

　そして映画やTVドラマの幽霊や妖怪や化け物の背景が、キリスト教やイスラム教が入ってくる前の原初的な彼らの死後観念であり、潜在意識のなかの生命観の戯画的な象徴であろうことまできちんと自説として説明します。そしてすべてを説明し終わったあとで、最初の口頭アンケートに戻ります。日常的な観念に縛られないで、真実の自分の心や、正直に自分の感じる声を聞かせてほしいと誠実に頼むのです。彼らは本当に誠実です。彼らはその場で正直に自分の心に問いかけて、嘘を言わずに答えてくれます。それは彼らが示す答えによって証明されます。

　結論は、どうなるでしょう？

アンケートの結果はいつも同じでした。その結果はこうです。半々なのです。半分のフィリピン人は輪廻転生など信じない、自分はキリスト教のドグマ（教理）を信じると主張します。そしてもう半分は、キリスト教のドグマより、太古からの霊的生命観、つまりは輪廻転生を含む原初的人間理解を信じるというのです。これはどこの日系企業のフィリピン人従業員に聞いても同じでした。

　半々という結果は、彼らが正直に考えてくれて、正直に答えてくれた動かしがたい証拠でした。

　そして、答えが半々に割れた事実自体が非常に興味深い意味を伝えていました。こういうアンケートは他にないはずです。このアンケート結果の分析からは、さまざまな考察が可能になります。しかし、押しつけがましい解説は止めておきます。

| 黄金のコラム | 英語と哲学のニューウェーブ (10)

思わない病気は、起こらない

　本書は「話す英語」のスキルを紹介する本であり、そのスキルを体験的にフィリピンで身につけたことを紹介するための本です。まさにフィリピン各地を動き回りながら、「話す英語」を身につけていったのですが、英語を話すことを目指してフィリピン各地を動き回ったわけでは決してありません。それは絶対に違うのです。英語は結果、おまけ、余禄

でした。

　元々はテーマを探し、テーマを定め、テーマに基づきノンフィクションを書くための取材で走り回っていたのです。それが次第に17世紀の日比交渉史の研究に向かい始め、歴史的資料の収集や文献集めに発展してゆきました。研究は最先端の研究でなければ意味がありませんので、文献集めだけでは済みません。想像される限りのフィールドワークも行いました。つまり、無から有を生み出すような足でかせぐ研究です。これが信じがたいほど面白かったのです。そのフィールドワークの余禄として自分の英語力も伸びたのですが、このコラムのテーマは「英語」ではなく、取材にまつわる不思議な話です。

　フィリピンでは願望がすぐに実現するのです。日本よりずっと速いスピードで願望が実現します。「これを証明する証拠に出あいたい」、「こんな資料があったならなあ」、「これを知ってる人がいないかなあ」、「そもそも、決定的なテーマがないかなぁ～」といった願望があっという間に実現し、予想以上の幸運が信じ難いスピードで眼前に現れるのです。

　最初はそれに気づきませんでした。しかし、それが度重なると、「いくらなんでも、変だぞ！」という気がしてきます。「日本では、こんなにスピーディーに幸運には出あわないぞ！」という気がしてきます。そんな気が度々するものですから、どうしたって異変に気づき始めます。

　フィリピンでは、願望を抱けばその願望がすぐに実現します。間違いありません。もちろん、自分が縦横に動き回っていなければダメです。

その縦横な動きの中に幸運や願望がものすごいスピードで流れ込んできます。

　空気が違うのです。フィリピンの空気は暑くてトロンとしていますが、混じりけがなく、願望を媒介する力とスピードが超電導並とはいきませんが、そう言いたくなるほど伝導率が高いのです。しかし、こんな言い方はもちろん比喩にすぎません。そう勝手に感じるだけです。

　「勝手に感じる」ことを主観と言います。そうです、これが秘密です。

　フィリピンでは主観的思考力が、日本よりずっと鮮烈に働くのです。フィリピンでは、主観的思考力の弱い人は生きてゆけません。そういう人は日本から飛び出さないほうがいいです。日本では客観的思考力でも生きてゆけるように社会全体が構造化されているからです。何かをするとき、まず法律を調べ、自分のもっている条件と必要とされる条件を突き合わせ、可能なルートを探し、規則や前例を確認し、成功する度合いを調べ、失敗するパターンも洗い出し、人の意見もたくさん聞いて、そしてやっと着手します。これが物事を実現化する当たり前の手順だと誰もが信じています。社会とはそういうもの、生きるとはそういうこと、努力するとは耐えること、などと信じ込んでいます。すべてが複雑ですから、どんな分野にも専門家がいます。彼らは役に立たないアドバイスをたくさんしてくれます。役に立つかどうかより、どうでもいい情報を量的に提供して、その提供した量で報酬を得ています。相手の成功を心から喜んでくれる専門家などほとんどいません。ですから第三者の話を聞けば聞くほど当初の意気込みは消えてゆき、しぼんでゆきます。それ

が日本です。

　しかしフィリピンでは、「こうしたい！」と思ったら、そのすべての
カギを握る人物がいきなり現れます。彼は願望を実現するすべてを握っ
ていますから、そういう人物とのいい関係ができたら、話はトントン拍
子に進みます。そしてすべてがあっという間に実現してしまうのです。
「なんでこうなるの？」という驚きしか、湧いてきません。

　そうなのです。すべてが最初にもつべき主観の力にかかっているので
す。主観の力が弱ければいくらフィリピンとてそうはなりませんが、健
全な主観力が強ければ、必ずそうなります。もちろん注意力は自己責任
ですが──。ここが分かると、フィリピンで生きてゆくことのコツをつ
かんだことになります。目に見えない思念を伝達・媒介する空気の質が、
日本とは違うのです。空気が、どこまでも主観的思考に反応するように
できています。

　日本人の思考力は去勢されています。フィリピンへ行くと、それが活
性化されます。日本人は客観的に物事を処理しようとしますが、それ自
体がすでに去勢された思考の結果です。人間は、すべからく、太古から、
主観の力で生きてきました。フィリピンにはそういう精神の場が濃密に
残っています。だから主観にすばやく反応が現れるのです。これは、実
は、巨大な研究テーマですから詳細を書くわけにはいきません。象徴的
に話すしかありません。

　とはいっても、ここで終わっては不満感が残るでしょうから、おもし

ろい一節を引用します。

「人間精神を構成する観念の対象の中に起こるすべてのことは、人間
精神によって知覚されなければならぬ。あるいはその物について精神
の中に必然的に観念があるであろう。言いかえれば、もし人間精神を
構成する観念の対象が身体であるならその身体の中には精神によって
知覚されないようないかなることも起こりえない」（スピノザ『エチ
カ』第二部定理12）[5]

ここには主観の意味を理解させる秘密の一部が書かれてあります。

哲学に馴染みのない人には難しいでしょうから、分かりやすく解説し
ます。人間の意識の中には観念（idea）が存在するのです。その観念
は人間の精神（mind）という場のなかで形成されるのですが、その精
神の中に観念として存在しないことは、いっさいその人間には起こらな
いのです。簡単なハナシが、自分で病気を思うと病気の観念が形成され
ますから、その観念が現実に病気をつくり出します。いっさい病気を思
わず、それゆえそのような観念が精神の中に存在しなければ、病気は生
まれようがないのです。スピノザはそう言っています。

その逆に何か楽しいことを思い描いたなら、その思いはすぐに観念と
して存在し始めますから、必ずその観念どおりの現実が身体に知覚され
る現実として現出します。多くの人間は、「身体と精神と観念」の秘密
を知らずに生きています。スピノザはそう断言しています。だから思い
悩んだり失望したり、絶望したりするのですが、実は、悩む必要などど

こにもないのです。観念の秘密を知ったなら、自らあらゆることをつく
り出すことが可能になります。なぜなら、物質や身体現象は観念の結果
ですから、観念が先なのです。観念は妄想ではなく存在の根源です。

　そう思っていない人はただ不勉強なだけ。政治や経済の原理だけでこ
の世が動いているわけではありません。それは末端の物質領域の微視的
なメカニズムにすぎません。人間が主観の力を賦活（ふかつ）させることは観念を
形成する力を賦活させることとイコールです。つまり主観の力こそ創造
の源なのです。なお、英語をガンガン話すことは自己を主体的にし、自
己の主観の力を復活させますから、観念を生み出す力を強化します。話
が偶然にも「話す英語」につながったようで、ほっとしました。

　「客観的」などという言葉に騙されてはいけません。それは人間の思考
力も生命力も奪います。今、人類は、文明史的な総括を迫られています。
そんな過酷な時代を生き抜くには、強烈な主観的思考力がなければ無理
でしょう。そこが淘汰（とうた）の分水嶺（ぶんすいれい）を成すはずです。

引 用 箇 所

(1) Blair & Robertson, *The Philippine Islands* / Vol. 5 p-192～193
(2) 同上
(3) Blair & Robertson, *The Philippine Islands* / vol. 7 p-84
(4) Blair & Robertson, *The Philippine Islands* / vol. 7 p-105
(5) スピノザ著『エチカ（上）』p-107

参 考 文 献

Emma Helen Blair and James Alexander Robertson, *The Philippine Islands*,1494-1898, The Arther H. Clark Company, Cleveland, Ohio, 1903, Vol. 1～7

Seiichi Iwao, *Early Japanese Settlers in the Philippines*, The Foreign Affairs Association of Japan, Tokyo, 1943

Gregorio F. Zaide, *The Pageant of Philippine History*, Philippine Education Company, Manila, 1979

レナト・コンスタンティーノ著 『フィリピン民衆の歴史（第1巻）』 池端雪浦・永野善子訳 井村文化事業社

テオドロ・アゴンシリョ著 『フィリピン史物語』 岩崎玄訳 井村文化事業社

岩生成一著 『続 南洋日本町の研究 南洋島嶼地域分散日本人移民の生活と活動』 岩波書店

岡本良友著 『十六世紀日欧交通史の研究』 改定増補版 原書房

高瀬弘一郎著 『キリシタンの世紀』 岩波書店

村上直次郎著 『貿易史上の平戸』 日本学術普及会

スピノザ著 『エチカ（上・下）』 畠中尚志訳 岩波文庫

あとがき

『英語を話す人になる！』シリーズの４冊目が終わりました。最後は「英語と哲学のニューウェーブ」でたっぷり遊びました。日頃見過ごしてしまう問題に目をとめ、好奇心の赴くままに懐疑の光を当ててみるのは楽しいものです。いつも、予想以上の大きな発見があります。その一端を、本書の「英語と哲学のニューウェーブ」では、紙数を気にせずにやってみました。面白かったです。

さて、英語を話すという本シリーズの目的は、予定された５冊のうちのあと１冊を残すのみとなりましたから、あと一息です。そのあと一息について簡単に触れておきたいと思います。

ボク自身が英語を話すとき、スキルとして絶えず意識しているのはたった２つです。「心理モードの切り換え」と「逆転モードの意識化」は言うまでもないことなので、これらはそれに当たりません。では、それは何かというと、一つ目は第３巻と第４巻で述べた「前置詞ユニット」の使い方です。第３巻と第４巻はつながっていて、どちらも「前置詞ユニット」の価値や効用を述べたものですから、「前置詞ユニット」の実践上の結晶が「拡大モード」です。これを意識化するだけで英語は一気に「話す武器」に変わります。その意味や効用はたっぷり述べたつもりです。

ということは、残っているもう一つのスキルが、最後の第５巻で述べられることになるわけですが、それはなんでしょう？　想像がつきますか？　意識的にそれに触れるのを控えてきましたので、想像のつかない人も多いかもしれません。ですから、さて、それはなんでしょう？　答えは「To 不定詞」です。

「前置詞ユニット」と「To 不定詞」を自分のスキルとして意識化しておけば、英語はどのようにでもしゃべれます。恐れるものはなくなります。日本人が英語を話すには、可能なかぎり頭の中をシンプルにしておき、たった二つの方法

だけで話してゆくといいのです。その二つが「前置詞ユニット」と「To不定詞」です。「To不定詞」は高校の英語の時間でも習っているはずです。ですから怖れる必要などありません。その「To不定詞」を「話す英語」のもう一つの切り札として実践的に使う方法を紹介するのが、『英語を話す人になる！』シリーズの、最後の1冊の目的です。それを簡単に紹介しておきます。必ず自分のものにしてほしいのです。簡単に言うなら；

> To不定詞は、英会話のカメレオンです。
> To不定詞は、英会話の忍者です。

　どういうことでしょう？　カメレオンも忍者も、同じことを言っています。カメレオンは周囲の環境に合わせて皮膚の色を変え、まわりに同化します。つまりどのようにでも変化し獲物をとります。忍者とて、目的や使命を達成するためには、水遁の術、火遁の術、風遁の術、煙遁の術など無数の忍術を使います。忍者漫画『NARUTO』には写輪眼などという術も出てきます。彼らは環境に同化し、自分を変えます。そして目的を達成します。英語でこの能力をもっているのが「To不定詞」です。

　「To不定詞」は名詞です。名詞は①主語にも、②補語にも、③目的語にもなれます。また「To不定詞」は⑤形容詞にも、⑤副詞にもなれます。一人五役です。こんなすごい言葉はないはずです。「To不定詞」を使えば、英語はどのようにでも話せるようになります。「話す英語」で「To不定詞」を使う方法を「**叙述モード**」と名づけました。この発想はまったくのオリジナルです。ここですべてを説明するのは「あとがき」の趣旨に沿いませんからいたしませんが、期待だけはしてください。

　この方法は誰かから教わったものではありません。フィリピン人から教わったわけでもありません。気がついたら自然と使い出していました。あるときそのことに気づいて「To不定詞」を注意深く理解し直してみると、理解が深ま

れば深まるほど、「To 不定詞」の使い道がどんどん拡大していったのです。そして、英語を話すことがどんどん簡単になってゆきました。「To 不定詞」の効用については、英語を話せる人なら気づいている人も多いとは思います。しかし、それを哲学的理解に結びつけて、人間の思考の本質を暴き、普遍的な実践法として昇華し得た理論など、どこにもないはずです（英語モードが自分のものになると、こうして平然と自己アピールができるようになります）。ですから、ぜひこの忍術は自分のものにしてほしいのです。

　そのための、ほんの一端だけを紹介します。

> **To不定詞を This is a pen / SVC の構文にぶち込む！**
> これを、**狭義の叙述モード**と呼ぶ

　次に、その効用を全面展開する。

> **To不定詞を SVO のなかにもぶち込む！**
> これを、**広義の叙述モード**と呼ぶ

つまり、
> **To 不定詞を徹底的に使う方法が ➡ 叙述モード**

結局、IA メソッドで英語を話すということは、

> **拡大モード＋叙述モード ➡ IA メソッド**

ということになります。これで「話す英語」の困難はすべて消えます。

　ちなみに、「To 不定詞」を会話に使うスキルは、専門的で高度な英語を即興で話す方法です。This is a pen. の構文は利用しますが、This is a pen. を話すのが目的ではありません。政治、経済、法律、ジャーナリズム、文化、芸術、歴史、科学、先端技術、ありとあらゆる高度で専門的な英語を口頭でガンガン話すための武器が「叙述モード」であり、「To 不定詞」です。ですから、もしあなたが、知的で高度な英語を話したいなら、「To 不定詞」を使えばいいのです。それで、海外を飛び回るビジネスマンにも、ジャーナリストにも、難しい研究を発表する国際的な学者にも、外交官にさえなれます。「To 不定詞」の変幻自在ぶりを使って、自分の話す英語のレベルをプロフェッショナルなレベルに引き上げてください。

　国際政治は言葉による騙し合いであり、言葉による戦争です。この意味において日本の政治家も役人も善人すぎます。日本という国は、今日まで、言葉を武器にその戦場へ飛び込んでいける人間を育ててきませんでした。その武器になる唯一の言葉こそ英語です。「読む英語」は武器ではありません。それは最低限の素養です。頭の良さの証明でさえありません。日本中が勘違いしています。日本民族は、いい意味で、もっと、もっと、アグレッシブになるべきです。その先端兵器が「叙述モード」つまり「To 不定詞」です。「To 不定詞」を使えば、どんな複雑な思考でも、一瞬で自分の英語に変貌します。

英語を話すことは、簡単なのです！

なんでこんな簡単なことが、
明治以来150年も、
日本人はできなかったのでしょう？

不思議でなりません！

　きっと日本国内に、国民に英語を話させまいとする風潮があったのでしょう。だって、英語を自在に話せるメンタルをもつと、国民は従順な歯車ではなくな

りますから。日本という精神風土の中にそういう自虐的な要因があったに違いないとボクはにらんでいます。しかし、こうして IA メソッドが世に出てしまった以上は、もうそういう本末転倒の陰湿さは存続できません。また時代の変化もそれを許しません。日本の精神風土はこれから一気に、ドラスティックに変わるはずです。むしろ、その予兆を感じ取れず、潮流の変化に乗れなくなることのほうが深刻です。その意味で、個の淘汰はすでに始まっています。

　英語を話すという目的は、すべての日本人の手の中で、すでに現実態として存在しています。そっとその手を握ってみてください。手の中に新しい感触があるはずです。あなたのまだ知らないその未知の感触が、**叙述モード**です。それにしても、あなたのその手の中で感触をもたらしてくれているものは、たった二つしかないはずです。もちろんそれは、**拡大モード**と、**叙述モード**です。その二つの感触を自分の武器としてリアルに意識化し、徹底的に使いこなし、思う存分暴れ回ってください。

　日本も世界も、時代が風雲児を求めています。乱世を恐れぬ、豪胆な風雲児にしかこの時代は変えられません。ですから、あなたがその風雲児になってください。ボクは、その風雲児をこの時代に呼び起こすためにフィリピンへ行き、**拡大モード**と**叙述モード**をつくってきたのです。その果報を享受するのは読者のみなさんです。

― 了 ―

川村悦郎（かわむら　えつろう　ボニー・カワムラ）
北海道出身。熱血が抜けない団塊の世代。
現在：文明批評家、多言語速習国際研究所所長。
経歴：20年間フィリピン滞在、サント・トマス大学（UST）大学院准教授、KSメソッド普及財団理事長。
学歴：UST大学院博士課程中退、東洋大学大学院修士課程仏教学修了、同大学文学部哲学科卒業。
業績：[日＆英] 会話速習メソッド考案。
著書：『神軍の虐殺』（徳間書店）。訳書：『タントラ・ヨーガ瞑想法』『クンダリニーとは何か』（めるくまーる社）。
神奈川県在住。

【IAメソッド英語速習法 公式HP】

＼読者さま全員プレゼント／
下記QRコードからアンケートに
答えてくださった方に
英語力アップの秘訣を伝授する
特典をプレゼントします！

IAメソッド英語速習法とは

- このメソッドは、**日本人のための「話す英語」**のメソッドです。
- このメソッドは**海外で考案され**、その効果は、すでに海外で**実証済み**です。
- 考案したのは日本人。巻末の著者紹介を読んでください。
- このメソッドは、**100パーセント・オリジナル**の独創的メソッドです。
- このメソッドは**モード・チェンジ（Mode Change）**を通し、超短期で英語を話させます。
- モード・チェンジとは「言語モード」の切り換えのことです。
- 具体的には「**日本語モード ➡ 英語モード**」への切り換えです。

　この変換のためのステップは2段階に分かれます。
　それは、Ⅰ．**心理モード**（Psychology Mode）の変換
　　　　　Ⅱ．**文法モード**（Grammar Mode）の変換
　文法モードは以下の3種。
　　　　　①**逆転モード**（Reverse Mode）
　　　　　②**拡大モード**（Expansion Mode）
　　　　　③**叙述モード**（Description Mode）

　普通の日本人が一人で海外へ飛び出し、必死に英語の武者修行に励んだとして、このメソッドに匹敵(ひってき)する知識やスキルを獲得するには最低で15年はかかります。つまり、このメソッドで「話す英語」を学ぶことは、15年分の時間とエネルギーとコストの節約になります。
　ですから、既存の英語学習法とは根底から違います。独自の文法用語や文法概念がどんどん飛び出します。既存の英語教育への遠慮はありません。それは、今ある英語教育の変化を願っているからです。これは時代と民族の要請にこたえたものです。以下に、5冊全体の構成を紹介しておきます。これで日本民族は22世紀も生存可能になります。

第1巻：『英語は肉、日本語は米』　　　　副題：心理モードを変えよう！
第2巻：『ひっくり返せば、英語は話せる』　副題：逆転モードを知ろう！
第3巻：『英語は、前置詞で話すもの』　　　副題：前置詞ユニットを使おう！
第4巻：『即興で話せる、ネイティブの英語』副題：拡大モードで話そう！
第5巻：『This is a pen は、魔法だった』　　副題：叙述モードで突破しよう！

常識を覆す IAメソッド英語速習法

英語を話す人になる！④ 即興で話せる、ネイティブの英語
拡大モードで話そう！

第一刷　2023年11月30日

著 者　川村悦郎

発行人　石井健資

発行所　株式会社ヒカルランド
　　　　〒162-0821　東京都新宿区津久戸町3-11　TH1ビル6F
　　　　電話 03-6265-0852　　ファックス 03-6265-0853
　　　　http://www.hikaruland.co.jp　　info@hikaruland.co.jp
　　　　振替 00180-8-496587

本文・カバー・製本 —— 中央精版印刷株式会社
DTP —— 株式会社キャップス
編集担当 —— 遠藤美保・小澤祥子

落丁・乱丁はお取替えいたします。無断転載・複製を禁じます。
©2023 Kawamura Etsuro Printed in Japan
ISBN978-4-86742-314-1

神楽坂 ♥（ハート）散歩
ヒカルランドパーク

『英語を話す人になる！』出版記念セミナー第2弾のご案内
日本人の、日本人による、話すための英文法！

講師：川村悦郎（文明批評家、多言語速習国際研究所所長）

英文法は、日本人が作ってもいいんだよ！
イギリス人の許可なんか、要らないんだよ！
だって、話すための工夫なんだから！
つまり、頭のなかの処理法なんだから。
明治以来、日本人はここに気づかなかった！

聴けばあなたの英語力が覚醒する！　大人気のセミナーの続編です。
本に書ききれなかった英語上達の秘訣もお伝えします。お得な早割も
あり。奮ってご参加ください！

激動の時代をサバ
イバルするための
英語を学ぼう！

▼お申し込みは
こちら

日時：2024年2月10日（土）　開場 12：30　開演 13：00　終了 15：30
参加方法：会場参加または ZOOM 生配信（事後配信あり）
会場：イッテル本屋（ヒカルランドパーク7F）　申込：ヒカルランドパーク
料金：早割（2023年12月31日まで）3,600円、通常6,600円（いずれも税込）

ヒカルランドパーク
JR 飯田橋駅東口または地下鉄 B1出口（徒歩10分弱）
住所：東京都新宿区津久戸町3−11 飯田橋 TH1ビル7F
TEL：03−5225−2671（平日11時−17時）
E-mail：info@hikarulandpark.jp　URL：https://hikarulandpark.jp/
Twitter アカウント：@hikarulandpark
ホームページからも予約＆購入できます。

❖ 本書の著者＆ IA 英語メソッド（旧称：KS Method）の歩みと今後 ❖

デ・ベネシア、フィリピン下院議会元議長を訪問（左側著者）

著者が教鞭をとっていたサント・トマス大学（1611年設立）

理工系の頂点、マプア工科大学での講演（右端著者）

プールのあるクラブハウスで英会話セミナー開催（中央著者）

合宿を終えマニラへ戻る直前のショット。笑顔がすべてを語る

● マニラ首都圏で約10日の集中特訓セミナー。そのあとは、マニラから船で7時間の島へ行き、その島でさらに10日間のフィールドリサーチ。黙っていても英語脳ができあがる。

● たった3週間の英会話ブートキャンプ。日本の大学生達は「話す英語」「話せる英語」という垂涎の武器を手に入れた。そして悠々と大海原へ船出してゆきました。今どうしているか、きっと彼らは本書に気づき、また集まってくるでしょう。

IA 英語メソッドのミッション：①日本民族を「日／英」バイリンガル民族に変えます。②日本人を覇気のある国民に変え、世界平和を英語で語れる国民に変えます。③そのために、日本における「話す英語」教育の先頭に立ちます。④「英語を話せる日本人」を多数育てます。⑤それを指導できる英語教師を多数輩出します。⑥そのための教育コンテンツをどんどん開発します。
IA 英語メソッドの戦術：①各種講演会、短期セミナー、合宿セミナー、海外セミナーを実施します。②英語の先生たちと「新英語研究会（仮称）」を発足させ、日本の英語教育の土壌を変えます。③世界中に IA method のネットワークを広げます。勝ち馬に乗ることを英語では「バンドワゴンに跳び乗る」と言いますが、IA method は、これからの時代の Bandwagon です。

❖ IA 日本語メソッド（旧称：KS Method）の価値と今後 ❖

- IA method は［日本語⇄英語］双方向の語学速習 method です。
- IA 英語メソッドの普及につとめながら、「IA 日本語メソッド」の普及にも着手してゆきます。
- IA 日本語メソッドで日本語を学ぶのは、世界中の英語を話せる外国人です。
- IA 日本語メソッドは英語で日本語を教えます。ですから、日本語教師は英語が話せることが絶対条件です。
- IA 英語メソッドで「話す英語」を身につけると、高学歴者は、IA メソッド日本語教師への道も開きます。
- IA 日本語メソッドは、在来の日本語教育法の10倍のスピードで日本語を習得させます。
- このパフォーマンスは、IA メソッド日本語教師が、世界中の大学や教育機関ではたらく道を拓きます。
- IA method は、語学教育の革命です。その効果はすでに海外で実証済み。
- KS メソッド普及財団の在フィリピン時代、このメソッドを一番評価してくれたのが日本の経済産業省でした。

IA メソッドで学ぶなら、日本語はたぶん、世界で一番やさしい言葉です

英語を話せる外国人なら、あっという間に、日本語を話せるようになります。
外国人は、日本語を話すと、メンタリティーが変わります。
優しく、穏やかになり、協調的で、攻撃性を消してゆきます。
その日本語を教えるイニシアティブを、日本人が握らないで、誰が握るのですか？
日本語は、人類平和の、おそらく究極のカギです。
そのカギをつかう原理は、IA メソッドのなかに、もっともシンプルな形で結晶しています。
世界の平和を先導するのは、［日／英］双方向語学教授法を身につけた日本人です。

つまり、あなたが、IA メソッドで世界平和の扉を開きます

［日／英］IA メソッドをプロモーションするのは？

株式会社ファーストエレメント

ファーストエレメント社は「健康」「農業」「教育」の３つの分野で、日本や世界が直面する課題を解決し、地球を平和で安全な22世紀に導くコンサルティング企業です。ファーストエレメント社は、以下の３つの研究機関から構成されている高度な頭脳組織です。

１．高濃度水素酸素研究所
22世紀の地球文明を牽引する HHO Gas の日本唯一の研究所。HHO ガスは世間で騒がれている水素ガスとは次元の違うものです。応用分野は多岐にわたりますが、最も顕著な効果を示すのが人間の健康促進です。

２．最先端農法研究所
迫りくる食糧危機を克服する研究所。汚染のない安全な農産物をつくるための種々のプラントを開発しています。短期有機肥料プラント、良質の培土設計、循環型農業技術、HHO Gas ナノバブル水併用農法等。

３．多言語速習国際研究所
IA メソッドを開発する研究所。ここで開発された語学メソッドを組織的に国内・国外に発信するのはファーストエレメント社の任務です。種々のセミナーも同社が企画し実施します。セミナー、講演会、研究会など各種の活動内容はファーストエレメント社ホームページで確認できます。https://www.firstelement.online/　または右の QR コードからも可。

神楽坂 ♥[ハート] 散歩
ヒカルランドパーク

【おうちで楽しめる！ 動画配信のご案内】

『英語を話す人になる！』出版記念セミナー第１弾
今だからこそ「話す英語」！ なぜ？

講師：川村悦郎（文明批評家、多言語速習国際研究所所長）

英語で世界を相手にコミュニケーションをとれるようになりたい／マインドセットから根本的に英語力を高めたい／英語教育の革新的メソッドを学びたい／「話す英語」に興味がある…そんなみなさまにご朗報！ 本書著者の川村悦郎さんを講師にお迎えしてのスペシャルセミナーを開催しました！ 意識レベル、心理レベルからの変容を導く驚きのメソッドで、あなたの英語脳を覚醒させましょう！本ではお伝えしきれなかった英語上達の秘訣もお伝えしています。

目からウロコの英語上達法を直接伝授します！

料金：3,600円（税込）
収録時間：約３時間45分　2023年10月15日収録

詳細・ご購入はこちら▶

お問い合わせ：ヒカルランドパーク
TEL：03−5225−2671（平日11時−17時）
URL：https://hikarulandpark.jp/

必読！ ヒカルランドパークメールマガジン!!

ヒカルランドパークでは無料のメールマガジンで皆さまにワクワク☆ドキドキの最新情報をお伝えしております！ キャンセル待ち必須の大人気セミナーの先行告知／メルマガ会員だけの無料セミナーのご案内／ここだけの書籍・グッズの裏話トークなど、お得な内容たっぷり。下記のページから簡単にご登録できますので、ぜひご利用ください！

 ◀ヒカルランドパークメールマガジンの
登録はこちらから

ヒカルランドの新次元の雑誌 「ハピハピ Hi-Ringo」
読者さま募集中！

ヒカルランドパークの超お役立ちアイテムと、「Hi-Ringo」の量子的オリジナル商品情報が合体！ まさに"他では見られない"ここだけのアイテムや健康情報満載の１冊にリニューアルしました。なんと雑誌自体に「量子加工」を施す前代未聞のおまけ付き☆ 持っているだけで心身が"ととのう"声が寄せられています。巻末には、ヒカルランドの最新書籍がわかる「ブックカタログ」も付いて、とっても充実した内容に進化しました。ご希望の方に無料でお届けしますので、ヒカルランドパークまでお申し込みください。

量子加工済み♪

Vol.4 発行中！

ヒカルランドパーク
メールマガジン＆ハピハピ Hi-Ringo お問い合わせ先
● お電話：03 - 6265 - 0852
● FAX：03 - 6265 - 0853
● e-mail：info@hikarulandpark.jp
• メルマガご希望の方：お名前・メールアドレスをお知らせください。
• ハピハピ Hi-Ringo ご希望の方：お名前・ご住所・お電話番号をお知らせください。

ヒカルランド　　好評既刊＆近刊予告！

今こそ「英語を話す人」になる時だ！
全部そろえたくなる「話す英語」のバイブル登場！

常識を覆す IAメソッド英語速習法
英語を話す人になる！

第1巻　英語は肉、日本語は米（心理モードを変えよう！）
第2巻　ひっくり返せば、英語は話せる（逆転モードを知ろう！）
第3巻　英語は、前置詞で話すもの（前置詞ユニットを使おう！）
第4巻　即興で話せる、ネイティブの英語（拡大モードで話そう！）
第5巻　This is a penは、魔法だった（叙述モードで突破しよう！）

著者：川村悦郎
Ａ５ソフト　定価 本体1,800円＋税（各巻とも）
※第5巻は予価。タイトルは変更になる場合があります。